C.H.BECK  WISSEN

in der Beck'schen Reihe
2203

BsR

Keine andere Gattung spiegelt so repräsentativ wie das Streichquartett die Entwicklungsgeschichte und Stilhöhe der modernen Kammermusik seit der Wiener Klassik wieder. Der vorliegende Band ist den Streichquartetten Joseph Haydns und damit dem eigentlichen Begründer dieser musikalischen Gattung gewidmet; er bietet eine anregende Einführung in Entstehungsgeschichte und Besonderheiten dieser Werke. Darüber hinaus dokumentieren verschiedene Zeugnisse Einfluß, Wirkung und Rezeption dieser Höhepunkte der Musikgeschichte.

Professor *Georg Feder*, Jahrgang 1927, wirkte von 1960 bis 1990 als Leiter des Joseph Haydn-Instituts in Köln und der von dieser Einrichtung herausgegebenen Joseph Haydn-Gesamtausgabe. Er hat zahlreiche einschlägige Publikationen über Haydns Werke vorgelegt und gilt als einer der besten Kenner dieses Komponisten.

Georg Feder

HAYDNS STREICHQUARTETTE

Ein musikalischer Werkführer

Verlag C. H. Beck

Mit zahlreichen Notenbeispielen

Die Deutsche Bibliothek – CIP-Einheitsaufnahme

Feder, Georg:
Haydns Streichquartette : ein musikalischer Werkführer /
Georg Feder. – Orig.-Ausg. – München : Beck, 1998
    (C. H. Beck Wissen in der Beck'schen Reihe ; Band 2203)
    ISBN 3 406 43303 0

Originalausgabe
ISBN 3 406 43303 0

Umschlagentwurf von Uwe Göbel, München
© C. H. Beck'sche Verlagsbuchhandlung (Oscar Beck), München 1998
Gesamtherstellung: C. H. Beck'sche Buchdruckerei, Nördlingen
Gedruckt auf säurefreiem, alterungsbeständigem Papier
(hergestellt aus chlorfrei gebleichtem Zellstoff)
Printed in Germany

Inhalt

Abkürzungen

C	=	Viervierteltakt; ¢ = Allabreve-Takt
EK	=	Haydns erstes, 1765 begonnenes Werkverzeichnis
Hob.	=	Hoboken (siehe Literaturverzeichnis)
HV	=	Haydns Werkverzeichnis von 1805
p, pp	=	piano, pianissimo; *f, ff* = forte, fortissimo;
		fz = forzando
V 1, 2	=	Violine 1, 2; erste, zweite Geige
V a	=	Viola, Bratsche
Vc	=	Violoncello, Cello

1. Einleitung

a) Das Streichquartett

Das Streichquartett ist „die edelste Formgattung nicht nur der Kammermusik, zu der es speciell gehört, sondern der Instrumentalmusik überhaupt" und wurde „von jeher als die keuscheste, edelste Musikgattung betrachtet, die vorzugsweise den Sinn für die Tonkunst hebt, bildet, verfeinert und mit den kleinsten Mitteln das Höchste leistet."[1] So und ähnlich lauten die Urteile über eine Art von Kompositionen, die Joseph Haydn ins Leben gerufen und deren Aufstieg er begründet hat. Mit ihrer dem Wesen der Harmonie optimal entsprechenden Vierstimmigkeit, die stellenweise zur Drei-, Zwei- und Einstimmigkeit verringert oder durch Doppelgriffe erweitert werden kann, und mit ihrem homogenen und zugleich äußerst wandlungsfähigen Klangkörper fordert sie jeden Komponisten zu höchsten Leistungen heraus. Vier einander ähnliche Streichinstrumente in solistischer Besetzung – zwei Violinen, eine Bratsche, ein Violoncello – bilden den gesamten Apparat. Sie können das tief Emotionale der menschlichen Stimme nicht ersetzen, ihm aber mit ihrem gleichmäßigen oder an- und abschwellenden, einfachen oder mit Vibrato gespielten Ton nacheifern. Sie sind der genauesten Intonation und beweglichsten Stimmführung fähig und stellen dem Komponisten fast das gesamte Tonreich vom C der tiefsten Saite des Violoncellos bis in die höchsten Lagen der Violine zur Verfügung. Sie ermöglichen ihm aber nur geringe Abwechslung in der Klangfarbe. Der Streichquartettkomponist muß auf die sanften, schneidenden, schmetternden oder schwelgenden Klänge der Blasinstrumente, den Donner der Pauken und den aufreizenden Lärm der Trommeln, Becken, Triangel verzichten. Seine „Klangfarbendramaturgie"[2] beschränkt sich

---

[1] So der Musiklexikograph Arrey v. Dommer 1865 bzw. der Haydn-Biograph Carl Ferdinand Pohl 1875.
[2] Siegfried Wiesel in: Haydn-Studien, V (München 1982), 16 ff.

darauf, die Verschiedenheit der engen und weiten Lage des Satzes und des hohen und tiefen Registers der Instrumente zu nutzen und denselben musikalischen Gedanken bald von diesem, bald von jenem Spieler mit seiner besonderen Tongebung vortragen zu lassen. Hinzu kommt die Fähigkeit der Streichinstrumente zu differenziertestem Vortrag. Diese Differenzierung betrifft neben der Dynamik in ihrer Abstufung vom Pianissimo zum Fortissimo vor allem das Tempo vom Largo bis zum Presto, die Artikulation (Legato, Non legato, Staccato, Portato, Portamento, Glissando), die Klangfarbe der leeren und gegriffenen, ungedämpften oder gedämpften Saiten (con sordino) und des Lagenspiels auf einer bestimmten, z.B. der G-Saite (sopra una corda), das einstimmige Spiel und die Doppelgrifftechnik, die gestrichene und gezupfte Spielweise (pizzicato). Aber primär ist der Quartettkomponist angewiesen auf das, was an der Musik das Musikalischste ist: Melodie, Rhythmus, Harmonie, Kontrapunkt.

Schon vor Haydn wurde Kammermusik gelegentlich mit einem Gespräch verglichen. Seit seinen Quartetten Op. 1 und 2, die 1764 bzw. 1766 in den französischen Erstausgaben als „Simphonies ou Quatuors *dialogués*" erschienen, meinte dieser Vergleich besonders das Streichquartett. Meist wird für diesen Topos Goethe zitiert, der seinem Musikerfreund Carl Friedrich Zelter in Berlin am 9. November 1829 über Streichquartett-Darbietungen schrieb: „Diese Art Exhibitionen waren mir von jeher von der Instrumental-Musik das Verständlichste, man hört vier vernünftige Leute sich untereinander unterhalten, glaubt ihren Discursen etwas abzugewinnen und die Eigenthümlichkeiten der Instrumente kennen zu lernen." Jedoch treten bei diesem Gespräch nicht alle Beteiligten in gleichem Maße hervor. Mehr einem Konstrukt als einem wirklichen Quartett entspricht die gängige Behauptung: „Alle Stimmen desselben sind Hauptstimmen, jede derselben an der Durchführung der Tongedanken gleich der andern betheiligt".[3] Mit Recht schreibt der Rudolstädter Kammermusiker Heinrich

---

[3] A. v. Dommer: Musikalisches Lexicon (Heidelberg 1865), 804.

Christoph Koch schon 1793 in seiner *Anleitung zur Composition* (III, 326), daß das Quartett, wäre völlige Gleichberechtigung der Stimmen das Ziel, nach Art der Fuge behandelt werden müsse; das moderne Quartett sei aber in der „galanten" Schreibart, nicht in der gelehrten gesetzt, und so müsse man sich damit begnügen, daß die vier Stimmen wechselweise herrschten. Das ist in Haydns Quartetten seit Op. 20 in vielen Sätzen der Fall; in den wenigen Fugen und den etwas häufigeren Fugato-Abschnitten besteht sogar simultane Unabhängigkeit. Aber sonst herrscht die Diskantlage der Melodie vor, und die erste Violine führt weit häufiger als die anderen Instrumente, ohne daß diese lieblos behandelt würden: Immer wieder treten sie wenigstens kurz hervor; stets erhalten sie ein individuelles Profil, und insgesamt bilden sie ein „obligates Akkompagnement".

Das Quartett hat von seinem Ursprung her privaten Charakter. Im 18. Jahrhundert erklang es zumeist noch wirklich in „Kammern": in Adelspalais und Bürgerhäusern. Es war in erster Linie für Musikliebhaber und Musiker bestimmt, die es selber spielten. Ihnen und dem kleineren oder größeren Kreis ihrer Zuhörer sollte ein Maximum an ästhetischer Unterhaltung, Vergnügen, Abwechslung, Überraschung geboten werden. Ein solcher Kreis scharte sich z. B. um die von Haydn verehrte Frau Marianne von Genzinger, Gattin eines Wiener Arztes. In Haydns Briefen vom Januar/Februar 1790 an sie lesen wir von der „zwischen uns verabgeredeten kleinen Quartetten Music"; und nach Esterház zurückgekehrt, denkt er sehnsüchtig zurück an „schöne musicalische Abende". Öffentliche Konzerte gab es noch wenig; auch boten sie eher stärker besetzter Musik Raum. Erst im 19. Jahrhundert wurden zunehmend professionelle Quartett-Ensembles gegründet.

Heute ist der Begriff „Kammermusik" seines Sinnes weitgehend beraubt und der private Charakter des Quartetts in Vergessenheit geraten. Manchmal werden Quartette in einem Saal gespielt, der zweitausend Menschen faßt, und Musikliebhaber, die sie zu Hause spielen können, sind selten geworden. Statt dessen herrscht ein passives Verhältnis zur Quartettmusik vor. Man hört sie in Konzerten, im Radio und auf Tonträgern, vielleicht sogar nur als Hintergrundmusik. Dazu sollte man allerdings nicht Haydns Quartette wählen, denn es gibt in ihnen meist keinen gleichmäßigen Ablauf des Rhythmus, sondern Abbrüche und Komplikationen, keine unendliche Melodie, sondern unerwartete Fortsetzungen, keinen bleibenden Geräuschpegel, sondern unberechenbare Fluktuationen, selten einen lang andauernden Gefühlsstrom, statt dessen ein häufiges Umschlagen der Stimmung – alles Dinge, denen man nicht träumend, sondern nur mit wacher Aufmerksamkeit folgen kann. Ob dazu das Mitlesen in der Partitur hilft, ist fraglich. 1802–05 gab der Komponist und Verleger Ignaz Pleyel, vormals ein Schüler Haydns, in Paris eine Auswahl von Haydns bis dahin nur in Stimmen verbreiteten Quartetten zum ersten Mal in Partitur heraus. „Zu welchem Zwecke glauben Sie wohl? Die Dilettanten und Kenner stecken sie zu sich und lesen in den Concerten nach", meinte Haydns Biograph Georg August Griesinger nach einem Besuch bei Haydn in einem Brief an Breitkopf & Härtel.[4] Feiner, aber auch esoterischer ist die Praxis, die der Komponist und Dirigent Ferdinand Hiller 1877 beschreibt: „Seit einiger Zeit beginne ich mein Tagewerk mit einem reizenden Morgensegen, – ich lese täglich ein Quartett von Haydn – dem frömmsten Christen kann ein Capitel aus der Bibel nicht wohler tun."[5]

Haydn war der Vater des Streichquartetts, jedenfalls in seiner klassischen Form. Zwar hat man Werke dieser Art schon bei Gregorio Allegri und Alessandro Scarlatti zu entdecken gemeint. Aber Allegris „Symphonia" für zwei Violinen, Viola und „Basso di Viola" (vor 1650) und Scarlattis vier Sonaten „a quattro" für zwei Violinen, „Violetta" und Violoncello ohne Cembalo (vor 1725) sind Werke in anderen Stilen und haben keine Nachfolge gefunden, denn die Kammermusik bis zur Mitte des 18. Jahrhunderts war vom „Basso continuo"

---

[4] Siehe Literaturverzeichnis.
[5] Briefe an eine Ungenannte (Köln 1877), 124.

(dem fortlaufenden Baß) beherrscht. Ihn spielte der Cembalist mit der linken Hand, unterstützt von einem Violoncello oder einem anderen Baßinstrument; mit der rechten hatte er eine passende Begleitung für die melodieführenden Oberstimmen zu improvisieren, um das meist leere mittlere Klangregister auszufüllen. In Norddeutschland, den Niederlanden und England war Cembalobegleitung selbst nach der Jahrhundertmitte noch etwas so Gewohntes, daß in Amsterdam und London frühe Ausgaben von Haydns Quartetten bis zu der zweiten Serie von 1771 (Op. 17) mit einer über den Noten der „Basso"- (= Cello-) Stimme gedruckten Bezifferung erschienen, die nach herkömmlicher Art die zu improvisierenden Akkorde andeutete. Unabhängiger von diesem „Generalbaß" und damit fortschrittlicher war die Kammermusik in Italien. Deshalb konnte die Behauptung aufkommen, Giovanni Battista Sammartini sei mit seinen Quartetten für zwei Violinen, Viola und Streichbaß Haydns Vorbild gewesen. Haydn selbst hat diese Behauptung aber zurückgewiesen und Carl Philipp Emanuel Bach als sein Vorbild genannt,[6] dessen Kammermusik freilich keine Streichquartette aufweist; Haydn meinte offenbar Züge von dessen originellem Klavierstil, der auf seine Quartette von der ersten Serie an (Op. 9) Einfluß hatte.

In dieser Serie wie in allen frühen Quartetten Haydns ist die unterste Stimme als „Basso" bezeichnet. „Basso" bedeutet hier wahrscheinlich soviel wie „Bassetl", kleiner Baß; das war der österreichische Ausdruck für Violoncello. Zwar könnte man versucht sein, „Basso" als „Kontrabaß" oder wie in Haydns Sinfonien als „Violoncello und Kontrabaß" zu interpretieren, zumal in Op. 1 und 2 wie auch noch in Op. 9 und in der zweiten Serie (Op. 17) vereinzelt Stellen vorkommen, an denen die Viola unter dem Violoncello liegt und sich Quartsextakkorde statt Grundakkorde ergeben, so als wenn der Kontrabaß, der ja eine Oktave tiefer als notiert klingt, vorausgesetzt wäre. Aber diese Stellen fallen beim Hören gar nicht

[6] Griesinger: Biographische Notizen über Joseph Haydn (Leipzig 1810), S. 14 f.

auf. Es spricht auch nicht gegen die Wahl des Violoncellos von Anfang an, daß Haydn dessen Rolle als Melodieinstrument erst später entdeckte. Entscheidend ist vielmehr die Tatsache, daß er seinem Biographen bei der Geschichte von der Entstehung seiner ersten Quartette von vier Spielern erzählte, darunter einem Cellisten (s. S. 26). Freilich ist es nicht auszuschließen, daß er für den allgemeinen Gebrauch die Besetzung anfangs freistellen wollte. Erst bei Op. 17 fügt er in seiner Originalhandschrift (dem Autograph) dem Wort „Basso" das Wort „Violoncello" erläuternd hinzu, obwohl die Partie für dieses Instrument auch schon in Op. 9 recht idiomatisch behandelt ist. Mehr noch ist dies in der dritten Serie (Op. 20) der Fall. Im Autograph korrigiert er dort „Basso" bei zwei Quartetten zu „Violoncello", und zweimal schreibt er, wie von da an in allen Quartetten, von vornherein „Violoncello".

Als Mitbegründer der Gattung wird gewöhnlich nur Luigi Boccherini anerkannt. Schon dessen erste, angeblich 1761 komponierten, aber erst 1767 als Op. 2 im Druck erschienenen Quartette weisen dem Violoncello, auf dem Boccherini Virtuose war, obligate Melodien im Tenorregister zu, bevor dies ansatzweise in Haydns Op. 9 geschah. Das ist zweifellos ein musikgeschichtliches Verdienst. Große Vielseitigkeit und Mannigfaltigkeit wird Boccherinis 91 Quartetten allerdings nicht nachgerühmt. Sie sind meist dreisätzig (schnell, langsam, schnell), manchmal zweisätzig, selten viersätzig wie bei Haydn, und verraten mehr Interesse an abwechselndem Hervortreten aller Stimmen als an der für Haydn so typischen Entwicklung des thematischen Materials. Boccherini rechnete sich aber, wie er im Februar 1781 dem Wiener Verleger Artaria schrieb, zu den leidenschaftlichsten Schätzern und Bewunderern von Haydns Genius und musikalischen Kompositionen.[7]

Selbst falls Haydn nicht der erste Streichquartettkomponist gewesen sein sollte, so war er wenigstens der erste, der mit solchen Werken (Op. 1 und 2) durchschlagenden Erfolg erzielte. Indem er die neue Gattung nach einer Pause von einem

[7] Pohl, II, 180 f., Anm. 6.

Jahrzehnt mit Op. 9, 17 und 20 entwickelte und ausbaute, nahm er bestimmenden Einfluß auf die musikgeschichtliche Entwicklung und wurde mit diesen drei Serien und der nach weiteren neun Jahren folgenden vierten Serie (Op. 33) zum Vorbild für viele andere Quartettkomponisten. Mozart widmete Haydn 1785 sechs Quartette, wie dies auch 15 andere, weniger bedeutende Komponisten in den Jahren 1784–1811 taten, und schrieb dann noch vier weitere große Quartette. Haydn erzählte Griesinger, daß er selber gesehen habe, wie Mozart Quartette von ihm, Haydn, aus Stimmen in Partitur brachte – ein uraltes Mittel musikalischen Studiums, das schon deshalb notwendig war, weil Quartette wie Instrumentalmusik überhaupt nur in Stimmen, nicht in Partitur abgeschrieben und gedruckt wurden. Auch der junge Beethoven, der 1792/93 Haydns Schüler war, schloß sich dieser Tradition an, als er 1794 das Es-Dur-Quartett aus Haydns Op. 20 in dieser Weise studierte.[8] Er zögerte lange, ehe er mit seinen 1801 erschienenen ersten sechs Quartetten (Op. 18) Haydn und Mozart an die Seite trat. Nach Beethoven, der insgesamt sechzehn Quartette und die Große Fuge Op. 133 schrieb, zählen Schubert, Mendelssohn, Schumann, Brahms, Verdi, Smetana, Dvorak, Janacek, Borodin, Tschaikowsky, Grieg, Debussy, Ravel, Schönberg, Bartok und Schostakowitsch zu denjenigen Komponisten, die in dieser Gattung das Höchste geleistet haben, manche von ihnen allerdings nur mit einzelnen Werken. Die Fülle und Mannigfaltigkeit von Haydns Quartettschaffen hat kein anderer Komponist mehr erreicht.

b) Benennung, Anzahl und Datierung von Haydns Quartetten

Das Wort „Streichquartett" stammt aus dem 19. Jahrhundert. Vordem sprach man von „Violinquartetten" oder einfach „Quartetten", „Quatuors" oder „Quadros". Haydn selbst be-

---

[8] Pohl, I, 330 f.; Joseph Haydn: Werke, XII/3, Kritischer Bericht, 14; Sieghard Brandenburg in: Beethoven und Böhmen (Bonn 1988), 261.

zeichnete seine Quartette bis einschließlich zur dritten Serie (Op. 20) als „Divertimento a quattro" oder „Divertimento". Das bezeugen die autographen Partituren dieser und der zweiten Serie (Op. 17). Bei den Quartetten der ersten Serie (Op. 9), deren Originalhandschrift nicht überliefert ist, bezeugen es die frühesten und besten Abschriften. Im EK nannte Haydn die ebenfalls nicht autograph überlieferten Werke des Op. 1 „Cassatio à quattro", die des Op. 2 „Divertimento à quattro". Die Bezeichnung „Cassatio" strich er später durch und ersetzte sie durch die Bezeichnung „Divertimento", die er in den 60er und frühen 70er Jahren auf alle mehrsätzigen Instrumentalwerke, die keine Sinfonien oder Konzerte waren, ausdehnte. Noch bei den Quartetten der vierten Serie (Op. 33), von der das Autograph ebenfalls nicht erhalten geblieben ist, steht auf der von einem persönlichen Kopisten Haydns angefertigten Abschrift im Stift Melk „Divertimento a quattro"; dagegen schreibt Haydn selbst auf dem Titelblatt einer andern Abschrift (s. S. 55) „Sei Quartetti". In seinen deutschen Briefen spricht er in bezug auf diese Serie von „à quadro à 2 violin, viola, et violoncello concertante" und „Quartetten für 2 violin, Altoviola, violoncello concertante" oder einfach von „Quartetten". In dem von ihm autorisierten Wiener Erstdruck lautet der französische Titel „Six quatuors". In seinen späteren Autographen, angefangen mit dem einzelnen Quartett Op. 42 und der fünften Serie (Op. 50), bezeichnet er die Werke italienisch als „Quartetto".

Wie es bei Kammermusik Tradition war, schrieb Haydn von der ersten Serie (Op. 9) an sechs Quartette auf einmal, um sie so in die Welt hinausgehen zu lassen. Insgesamt schrieb er neun vollständige Serien oder Opera, wie sie die Verleger nannten. Die frühen Quartettdivertimenti (Op. 1 und 2) faßten erst die Verleger in Gruppen zusammen. Die Opusnummern stammen sämtlich von den Verlegern und widersprechen sich bei den verschiedenen Ausgaben der einzelnen Opera meist. Eingebürgert haben sich diejenigen, die Pleyel in die Thementafel seiner 1801 in Paris erschienenen, Bonaparte gewidmeten Gesamtausgabe der Haydn-Quartette (in Stimmen) aufnahm. Ebensowenig sind die Beinamen authentisch. Einige Opera werden nach den Widmungsträgern benannt: Russische Quartette, Preußische Quartette, Apponyi-Quartette, Erdödy-Quartette, Lobkowitz-Quartette. Beinamen wie Lerchenquartett, Reiterquartett, Kaiserquartett kamen auf, um beliebte Einzelwerke bequemer identifizieren zu können. Wenig sinn- oder geschmackvolle Beinamen bedürfen nicht der Erwähnung.

Gewöhnlich werden 83 Haydn-Quartette gezählt. Diese Zahl beruht auf Pleyels Thementafel. Haydn autorisierte diese, indem er sie 1805 zur Vorlage nahm für die entsprechende Abteilung in seinem *Verzeichniß aller derjenigen Compositionen welche ich mich beyläufig erinnere von meinem 18ten bis in das 73ste Jahr verfertiget zu haben* (Haydn-Verzeichnis = HV), das er von seinem Kopisten und Diener Johann Elßler kalligraphisch anfertigen ließ. Ein von Haydn schon 1765 begonnenes Werkverzeichnis, der sogenannte „Entwurf-Katalog" (= EK), hat aber mehr Authentizität, da er den Werken zeitlich näher steht und teilweise von ihm eigenhändig geschrieben ist. Mit Hilfe des EK und anderer Dokumente hat die neuere Forschung festgestellt, daß in der Liste bei Pleyel und im HV ein frühes Quartett in Es-Dur (Hob. II: 6) fehlt; man hat es 1931 wiederentdeckt und „Nr. 0", „Opus 0" oder „Opus 1 Nr. 0" getauft. Dafür enthält die Liste eine bereits 1762 als solche nachweisbare Sinfonie (Hob. I:107), die ohne ihre Bläserstimmen unter die Quartette geriet, und zwei original sechsstimmige Divertimenti (Hob. II: 21, 22), die ebenfalls von unberufenen Händen als Quartette bearbeitet wurden. In Pleyels Liste erscheint außerdem die von Haydn selbst hergestellte Quartettfassung seines Orchesterwerks *Die Sieben Worte unseres Erlösers am Kreuze*, und zwar paradoxerweise als sieben Werke. Da die bei Pleyel und im HV verzeichneten sechs Quartette „Opus 3" (Hob. III: 13–18) von der heutigen Forschung nicht mehr als echt anerkannt werden (s. S. 17), lautet die Rechnung: 83 + 1 − 3 − 7 − 6 = 68. Würde man die zehn frühen Quartette abziehen, da sie eigentlich zu der Gattung der fünfsätzigen vier- und mehrstimmigen Divertimenti gehören (s. S. 26), ergäbe sich die Zahl von 58 reinen Streichquartetten. Angeblich hat Haydn seinem Verleger Artaria diese Auswahl nahegelegt,[9] und Artaria hat in seiner Sammlung auch nicht mehr als diese 58 aufgenommen. Unglaubwürdig ist die Behauptung in einem nach Pleyels Tode erschienenen *Memoir of Ignatius Pleyel*, Haydn habe in der Zeit, als Pleyel sein Schüler war (etwa 1772–77) unter dem Einfluß von Verdruß und Niedergeschlagenheit sechs Quartette in Molltonarten geschrieben, die ihm entwendet wurden;[10] vielleicht bezieht sich diese Anekdote auf die 1772 komponierte Serie Op. 20, die zwei Quartette in Moll enthält und möglicherweise nicht zu den Bedingungen verbreitet wurde, die Haydn vorgeschwebt hatten.

Pleyels Liste ist chronologisch, nur mit zu früher Einordnung von „Op. 3" und ungenauer Einordnung der *Sieben Worte* (nach statt vor Op. 50). Maßgeblich war für ihn die zeitliche Reihenfolge der Drucke, die jeweils bald nach der Entstehung der Werke erschienen. Eine Datierung hat Pleyel nicht gegeben. Sie gelang erst der Forschung des 19. und 20. Jahrhunderts. Haydns autographe Partituren tragen in der Regel die Jahreszahl, liegen aber nur von 31 der 68 Quartette vor. Daneben gibt es von acht Quartetten (Hob. III: 33, 58, 59, 63, 70, 73, 77, 83) undatierte Skizzen oder Konzepte. Abschriften sind selten datiert und bieten dann den Zeitpunkt, bis zu welchem das Werk entstanden sein muß. Die Erstdrucke tragen nie eine Jahreszahl, lassen sich aber durch Zeitungsanzeigen der Verleger, Verlagskataloge, die mitgedruckten Stichplattennummern, die von Werk zu Werk eines Verlegers aufsteigen, und andere Hilfsmittel datieren.

Es gibt aus der zweiten Hälfte des 18. Jahrhunderts in europäischen Musikarchiven und -bibliotheken Abschriften oder Drucke von Dutzenden weiterer Quartette, die Joseph Haydn zugeschrieben werden. Das beste unter ihnen, das D-Dur-Werk Hob. III: D3, hat sich zuletzt als ein Werk des jungen Johann Georg Albrechtsberger, des berühmten Wiener Kom-

[9] Pohl, I, 332 f.; Hoboken, III, 43 f.
[10] Landon, II, 375.

positionslehrers, entpuppt, in dessen Originalhandschrift es vorliegt und der in seinen Frühwerken Haydns Quartettdivertimenti nahekommt. Andere Quartette haben sich unter anderen Komponistennamen wiedergefunden. Bei keinem gibt es einen dokumentarischen oder musikalischen Grund, der Zuschreibung an Haydn Glauben zu schenken, auch nicht bei einem Quartett in E-Dur (Hob. III: E2), das 1936 im Druck vorgestellt wurde.

Einen besonderer Fall stellt Op. 3 dar. Es bleibt ein Rätsel, warum Haydn diese Quartette durch Aufnahme in das HV bestätigt hat. Wer auf diese Tatsache pocht, kann weiterhin die Echtheit von Op. 3 behaupten. Wer die übrigen Umstände in Erwägung zieht, wird dies nicht mehr tun. Op. 3 erschien um 1777, in einer Zeit, als Haydn nach seinem eigenen Zeugnis keine Quartette schrieb (s. S. 54 ff., vierte Serie), mit der Autorangabe „G. [Giuseppe? Giorgio?] Hayden" bei dem Verleger Bailleux, mit dem Haydn nie etwas zu tun hatte und der ihm auch andere Werke unterschob. Auf den Stichplatten der beiden ersten Quartette stand ursprünglich der Name „Hoffstetter" und wurde dann getilgt; er ist in den Druckexemplaren noch schwach erkennbar. Roman Hoffstetter, ein Mönch aus Amorbach im Odenwald, war auch der Autor eines Opus von sechs Quartetten, die 1772 unter seinem Namen in Amsterdam im Druck erschienen und 1774 von einem Londoner Verleger ebenfalls als Werke Haydns ausgegeben wurden (Hob. III: D1 usw.). Ferner fällt auf, daß die Kopisten in Wien, Leipzig, Genua und die Erst- und Nachdrucker in Paris, Amsterdam und London, die bei allen frühen Quartetten Haydns gut für die Verbreitung in Aufführungsstimmen sorgten, bei Op. 3 untätig blieben: Es gibt von Op. 3 nur vier späte Abschriften, die ihren Lesarten nach eindeutig auf Bailleux' Druck zurückgehen, und Nachdrucke nicht vor Pleyel (1801). Offenbar waren es musikalische Gründe, die Pleyel veranlaßten, diese Werke als Frühwerke zwischen Op. 2 und Op. 9 einzureihen und ihnen die Opusnummer 3 zu geben. Aber wenn sie so früh entstanden, warum stehen sie dann, anders als Op. 9, die vorangehenden Quartettdivertimenti und die bis 1772 nachfolgenden Quartette Op. 17 und 20, nicht im EK? Ein unentwegter Verteidiger der Echtheit spricht angesichts der stilistischen Auffälligkeiten in Op. 3 von einem mißlungenen Experiment und erfindet eine Räuberpistole, um zu erklären, wie das Manuskript aus Haydns Schublade nach Paris gelangt sein soll. Andererseits scheint der Komponist des G-Dur-Quartetts Nr. 3 das Finale aus Haydns Op. 9, B-Dur, gekannt zu haben, denn fast alle Motive daraus kehren im Finale von Op. 3 Nr. 3 wieder. Das würde gut zu Hoffstetter passen, der später einem Bekannten Haydns, dem schwedischen Diplomaten Fredrik Samuel Silverstolpe, schrieb, daß er Haydn oft nachgeahmt habe.[11] Die Echtheitsfrage des Op. 3 ist vor allem bei dem F-Dur-Quartett mit der „Serenade" nicht gleichgültig, denn dieses Stück wurde durch das 1866–1880 bestehende *Florentiner Quartett (Quartetto Fiorentino)* populär gemacht[12] und ist seitdem eines der bekanntesten von „Haydn". Allerdings meinte ein englischer Kritiker schon 1929, als das Werk noch unangezweifelt als echt galt, die Serenade sei äußerst hübsch und populär, zeige Haydn aber kaum von seiner besten Seite.[13]

c) Schaffenstendenz

Allein aus der früheren oder späteren Entstehungszeit von Haydns Quartetten Werturteile abzuleiten, wäre ebenso voreilig, wie aus der gruppenweisen Anordnung und Veröffentlichung auf fehlende Individualität der Einzelwerke und Austauschbarkeit ihrer Sätze zu schließen. Alle 68, nicht nur die Auswahlen von 12, 15, 20 oder 30 „berühmten" Quartetten oder die von Hans Keller in seinem Buch als „groß" anerkannten 46 Quartette (nämlich Op. 9 d-moll und alle von Op. 20 an außer Op. 33 B-Dur) sind von hohem und höchstem, wenn auch nicht vollkommen gleichem ästhetischen Wert. Alle Serien, Einzelwerke und Sätze haben bei typischen

---

[11] Haydn-Studien, I (München 1966), 201.
[12] Pohl, I, 341 f.
[13] Walter W. Cobbett: Chamber Music (Oxford 1929), I, 546.

und generellen Eigenschaften jeweils eine mehr oder weniger individuelle Physiognomie, einen eigenen Charakter und besondere Vorzüge. Andererseits ist es eine Tatsache, daß mehr späte als frühe Quartette gespielt und gehört werden. Schon vom Partiturumfang und der Aufführungsdauer her ist ein Wachstum von den frühen zu den späten Quartetten festzustellen. Haydn sprach im November 1801 zu Griesinger von seinem „stufenweisen Fortschreiten in der Kunst", das man aus der „geschickten", das heißt chronologischen Anordnung seiner Quartette in Pleyels Ausgabe erkennen könne. Eine maßvolle Entwicklungstheorie hat also Haydns Segen. Vielleicht sollte man aber mehr von einer vielseitigen Erweiterung seines Quartettschaffens von einem Mittelpunkt aus sprechen und weniger von einem kontinuierlichen Aufsteigen zu einem Höhepunkt hin, geschweige denn von einem Reifeprozeß oder gar von einer logischen Entwicklung. Wenn Haydn phantasievoll „experimentierte", dann nicht, um das Ideal zu finden, sondern um sein stets gegenwärtiges Ideal auf immer neue Weise zu verwirklichen. Wohl kaum hatte er die Absicht, die bei seinem Schaffen gemachten Entdeckungen von Werk zu Werk systematisch zu summieren. Bei den Werkbeschreibungen soll daher im folgenden versucht werden, weniger eine Entwicklungslinie zu konstruieren als vielmehr die zunehmende Fülle der Gestaltungsmöglichkeiten anzudeuten, über die Haydn in so glücklicher Weise bis ins Alter verfügte und die er mit Grundtendenzen verband, die meist schon in seinen ersten Quartetten zu entdecken sind.

Jede Serie von der ersten (Op. 9) bis zur neunten (Op. 76) hat sowohl eine typische als auch individuelle Struktur, die zunächst das Tongeschlecht und die Tonarten betrifft. Gewöhnlich stehen fünf Quartette in Dur und eins in Moll; Op. 20 mit zwei Moll-Quartetten bildet die Ausnahme. In jeder Serie hat jedes der sechs Quartette eine andere Grundtonart. Die Auswahl, mindestens die Reihenfolge der Tonarten ist in jedem Zyklus anders und folgt nie dem Quintenzirkel oder einem anderen Schema. Die Grundtonarten beschränken sich auf eine Vorzeichnung von höchstens vier

Kreuzen (E-Dur) oder b-Vorzeichen (f-moll). In den 58 Quartetten von Op. 9 an bis zu dem letzten unvollendeten (Op. 103) kommt je acht Mal C- und Es-Dur vor, je sieben Mal G-, D- und B-Dur, je vier Mal F-Dur und d-moll, dreimal A-Dur, je zweimal E-Dur, h-moll, g-moll und f-moll, je ein Mal fis-moll und c-moll. Die Tonarten der einzelnen Sätze greifen weiter aus und die Modulationen innerhalb der Sätze noch weiter.

Die Satztypen sind ab Op. 9 regelmäßig ein Sonatensatz, an zweiter Stelle ein Menuett mit Trio, an dritter Stelle ein langsamer Satz, gefolgt von einem Finale. Die Reihenfolge der beiden Mittelsätze kann ab Op. 20 auch vertauscht sein, also mit dem Menuett/Trio *nach* dem langsamen Satz, was ab Op. 50 meist der Fall ist, übereinstimmend mit der klassischen Form der Sinfonie, die neben anderen sinfonischen Formen schon sehr früh in Haydns Schaffen erscheint. Die vier Sätze ordnen sich einem einheitlichen Werkganzen unter, das zunächst durch die Tonart begründet wird. Die Ecksätze und das Menuett stehen in der Grundtonart, oft auch das Trio des Menuetts. Das Menuett wechselt manchmal das Tongeschlecht, steht also in der Moll- oder Dur-Variante der Grundtonart. Das ist nicht selten auch bei dem Trio und dem langsamen Satz der Fall; dann nennen manche Kommentatoren solche Werke „monotonal". Bei einigen Quartetten führt die Duraufhellung oder Molleintrübung des folgendes Satzes zu einer übergeordneten Polarität. Trio und langsamer Satz können aber auch in einer nahe verwandten Tonart stehen. Von 1793 an nutzt Haydn gern die etwas fernere Terzverwandtschaft (im Verhältnis zu C-Dur z. B. E-Dur, A-Dur, As-Dur), wie er dies innerhalb eines Satzes schon früher tat. Manchmal wird ein Satz durch Halbschluß mit dem folgenden Satz verbunden, so daß eine größere Einheit entsteht. Manchmal schafft ein und dasselbe Stilmittel – etwa Kontrapunkt oder Chromatik oder ein bestimmter Rhythmus – eine Verbindung zwischen mehreren Sätzen. Auf die einfachste und traditionellste Weise tut dies die Übereinstimmung der Anfangsnoten mehrerer Sätze.

Die Form des einzelnen Satzes ist zwar durch seinen Typus einigermaßen bestimmt, läßt aber in hohem Maße individuelle Ausprägungen zu. Gott sei Dank konnte Haydn die Lehrbücher des 19. Jahrhunderts noch nicht kennen, die seitdem vorschreiben, wie ein Sonatensatz aussehen muß. Für Haydn war eine ausgeprägte Zweithemigkeit (Dualismus) noch kein Gesetz. Ein Gesetz war für ihn nur, daß in der Exposition der Hauptsatz in der Tonika und der Seitensatz in der Dominante (bei Moll in der Paralleltonart) stehen oder wenigstens schließen muß. Oft haben wir die Wahl, mit welcher unter mehreren motivischen Strukturen wir den Seitensatz beginnen lassen wollen. Manchmal zeigt sich kein ausgeprägtes Seitenthema, manchmal eröffnet den Seitensatz eine Variante des Hauptthemas (Monothematik), seltener ein kontrastierendes Thema. Aber nicht selten erscheint ein solches gegen Ende der Exposition. Diese verdient bei Haydn eigentlich ebenso wenig ihren Namen wie die Reprise, denn die Bearbeitung von Themen oder Motiven wird nicht auf den in den späteren Lehrbüchern dafür vorgesehenen modulierenden Abschnitt zwischen Exposition und Reprise, die Durchführung, beschränkt, sondern dehnt sich auf den ganzen Satz aus. Die Reprise verdient ihren Namen ebenfalls nur bedingt, da sie mit ihren Kürzungen, Änderungen oder Erweiterungen von der Exposition abweicht. „Die musikalische Form als Prozeß" – dieser umfassend gemeinte Titel eines Buches des russischen Musikkritikers Boris W. Assafjew-Glebow läßt sich speziell auf das Formverständnis Haydns gut anwenden. Statische Abschnitte dienen als Kontrast oder Beruhigung ebenfalls dem Prozeß.

Die wandelbare Sonatenform beherrscht nicht nur die ersten Sätze, sondern auch die meisten Finalsätze. Sie beeinflußt mit ihrem Schema von Exposition und Reprise manchen langsamen Satz und trägt den Gedanken nicht nur der Reprise, sondern auch der Durchführung in viele Menuette. Über diese schrieb 1810 der Schriftsteller Ignaz Ferdinand Arnold: „Man würde sich irren, diese Stücke nach der Theorie der eigentlichen Tanzminuetten kritisiren zu wollen; sie sind vielmehr eine ganz eigene Gattung".[14] Der englische Musikkritiker Hans Keller nannte sie 1986 „Anti-Menuette". Die Schlußsätze sind bis zur dritten Serie (Op. 20) ziemlich reine Sonatensätze, nur etwas lockerer gefügt und von leichterem thematischem Gewicht als die ersten. Schlußrondos mit einem klaren Schema von Refrain – 1. Couplet (Episode) – Refrain – 2. Couplet – Refrain begegnen uns ab Op. 33, aber ganz selten rein; in der Regel sind sie auf unterschiedliche Weise mit der Sonaten- oder Variationenform vermischt. Umgekehrt nehmen diese Formen oft rondohafte Züge an. Sogar der erste Satz tut dies nicht selten durch eine Scheinreprise, manchmal sogar durch zwei. Die eigentlichen Variationensätze kommen in reiner Form nur bis zur zweiten Serie vor und einmal in der neunten Serie; sonst erfahren sie von der dritten Serie an mancherlei Erweiterungen und Umgestaltungen.

Stil und Ausdruck in Haydns Quartetten sind außerordentlich mannigfaltig. Haydn verfügt über ausgesprochen populäre Melodien, z. B. in manchem Seitensatz, Menuett-Trio oder Schlußrondo. Wegen gelegentlicher Entlehnungen aus der südslawischen Musik hat man behauptet, er sei kroatischer Abstammung gewesen; in Wirklichkeit war er nur ein aufmerksamer Beobachter des bunt gemischten Volkslebens in den ihn umgebenden Teilen Niederösterreichs, des Burgenlandes und Ungarns. Auch die meisten seiner Hauptthemen üben schon an sich ihren Zauber auf uns aus, ohne daß wir erst auf ihre kunstvolle Verarbeitung warten müßten. Vor allem fehlt nie, selbst bei rein motivischer Gestaltung oder Passagenwerk, der große Melodiebogen, dem sich alle Einzelheiten unterordnen und ohne den alle Verarbeitungskunst Künstelei wäre. Nur widerstrebt die Schönheit einer Melodie naturgemäß der Beschreibung. Die Verarbeitungstechniken sind dem begrifflichen Verständnis durch den Vergleich mit dem Urbild leichter zugänglich und spielen daher im analytischen Schrifttum eine weit größere Rolle. Aber es kommt auch vor, daß Haydn auf

[14] Zitiert von Adolf Sandberger im Neuen Beethoven-Jahrbuch, VI (1935), 17.

ein förmliches Thema verzichtet. Der Musiklexikograph Ernst Ludwig Gerber schrieb darüber 1790: „Oefters scheinet aber auch in seinen Werken nur das Ungefehr die Noten aufs Papier gebracht zu haben. Aber welche Wendung nehmen diese, dem ersten Ansehen nach, nichts sagenden Noten, unter seinen Meisterhänden in der Folge? Man wird mit fortgerissen! Eine abwechselnde Beklemmung und Freude, über die Verwickelungen und Auflösungen seiner großen Ideen, bemächtigt sich des Zuhörers und macht, daß er sich selbst vergißt."[15] Und I. F. Arnold 1810: „Haydns Stücke haben manchmal gar kein Thema und scheinen in der Mitte anzufangen, und doch haben sie bei aller Leichtfertigkeit einen Fluß und eine Ordnung, die überall eine sichere Meisterhand verkündigen." Über Haydns Imitationen und Fugen schreibt die Zeitschrift *European Magazine, and London Review* 1784: „Von seinen Händen erscheinen sie nie pedantisch oder schwerfällig, da sie andauernd durch angenehme Anflüge von Phantasie und überschwengliche Ausbrüche endloser Abwechslung gemildert werden."[16] Und E. L. Gerber 1790: „Jede harmonische Künsteley, sey sie selbst aus dem Gothischen Zeitalter der grauen Contrapunktisten, stehet ihm zu Gebote. Aber sie nimmt statt ihrem ehemaligen steifen, ein gefälliges Wesen an, sobald Er sie für unser Ohr zubereitet." Die Harmonik ist in der Frühzeit bescheiden, gewinnt aber von Op. 9 an zunehmend an Bedeutung.

Im Mittelpunkt aller prozessualen Techniken steht Haydns „Zergliederung seiner Gedanken" (Gerber 1812).[17] In der Musikgeschichte hat sie nach Haydn auch bei Beethoven eine große Bedeutung gewonnen und wurde daher Gegenstand der Musiktheorie. Der großherzoglich Weimarische Kammermusikus Johann Christian Lobe behandelte sie in seinem Werk *Compositions-Lehre oder umfassende Theorie von der thematischen Arbeit und den modernen Instrumentalformen* (Weimar

---

[15] E. L. Gerber: Lexicon der Tonkünstler (Leipzig 1790), 610 f.

[16] Englischer Originaltext zitiert von A. Peter Brown in: The Musical Quarterly, LIX (1973), 346.

[17] Neues historisch-biographisches Lexikon der Tonkünstler, II (Leipzig 1812), 558.

1844) und bezog sich dabei stark auf Haydn: „Sein, so wie aller grossen Meister, *halber* Genius wenigstens war die Kunst der thematischen Arbeit." Den ersten Satz von Op. 74, C-Dur (s. S. 94, achte Serie) und das Finale von Op. 76, D-Dur (s. S. 104, neunte Serie) analysierte er als Musterbeispiele. Im späteren Haydn-Schrifttum kommt das gleiche Phänomen unter ähnlichen Namen immer wieder vor: „thematische Durcharbeitung" (C. F. Pohl, I, 329), „Auslegung, Verwendung des thematischen Materials", „motivische Entwickelung" (Hermann Kretzschmar, 1898[18]), „System der Zerlegung" des Themas, der „motivischen Arbeit" im Unterschied etwa zu der bloßen Transposition des ganzen Themas in eine andere Tonart (Adolf Sandberger, 1900). Gelegentlich wird sie negativ bewertet. So schreibt ein Kritiker 1809, in Haydns Quartetten werde er immer „das schöpferische Genie bewundern, das wie ein anderes Cameleon alle möglichen Gestalten anzunehmen weiß". Doch ziehe er Boccherini vor, denn Haydns Quartette gewährten ein „Vergnügen des Verstands", aber durch Boccherinis Werke werde man „erschüttert, gerührt".[19] 1951 schrieb der Musikhistoriker Robert Sondheimer ein ganzes Buch gegen Haydns Streichquartette und sein „dialektisches Denken", seinen „Formalismus" und „Optimismus", und brach eine Lanze für den „emotionalen Wert" der von thematischer Arbeit weniger durchdrungenen Musik von Boccherini, Sammartini, Georg Christoph Wagenseil, Johann Stamitz, Franz Beck und überhaupt der vorklassischen Komponisten. Das ist offensichtlich ein parteiischer Standpunkt, der die Inspiration verkennt, die auch der thematischen Arbeit Haydns zugrunde liegt, und überdies den ausgesprochen irrationalen Seiten von Haydns Quartetten nicht gerecht wird, weder ihren Melodien noch ihren rein musikantischen Zügen wie dem in keinem Quartett fehlenden Klangrausch der geigerischen oder cellistischen Arpeggien, Läufe und Spielfiguren.

[18] Führer durch den Conzertsaal, I/1, 3. Auflage (Leipzig 1898), 53 f.
[19] Johann Baptist Schaul: Briefe über den Geschmack in der Musik (Carlsruhe 1809), 10 f. Zitiert von Christian Speck: Boccherinis Streichquartette (München 1987), 190.

Haydns zweite Domäne ist der Rhythmus, nicht nur im Sinne der kleingliedrigen Differenzierung der Notenwerte, sondern vor allem in der Gliederung des Melodieflusses: also des Wechsels von auftaktigen und volltaktigen Rhythmen, der Gruppierung der Takte (Phrasierung) und der Reihung oder Verschränkung der Taktgruppen (Phrasen) zu Perioden (Periodik). Wenn der Thurn und Taxissche Kammermusicus Joseph Riepel in seinem Werk *Anfangsgründe zur musicalischen Setzkunst* (Frankfurt/Leipzig 1752, S. 23) meint: „4, 8, 16, und wohl auch 32 Täcte sind diejenigen, welche unserer Natur dergestalt eingepflanzet, daß es uns schwer scheint, eine andere Ordnung (mit Vergnügen) anzuhören", so weicht Haydn mit Phrasen von 6, 5, 3 Takten und anderen asymmetrischen Gruppierungen wohl ebenso oft von diesem Gesetz ab, als er es befolgt. Selbst der vorgezeichneten Taktart folgt er nicht immer; oft entsteht durch Verschiebung des metrischen Akzents in einigen oder allen Stimmen vorübergehend der Eindruck eines Taktwechsels oder eines taktfreien Schwebens, worauf nach kurzer Zeit der Rhythmus in die vorigen Bahnen einlenkt. Haydns Quartette sind in der unterschiedlichsten Weise von rhythmischem Leben erfüllt. Deshalb lag für einen Musikhistoriker in der Leipziger *Allgemeinen musikalischen Zeitung* vom 11. März 1801 Haydns Größe – außer in seiner „Laune" – „in der ausnehmend leichten Handhabung des Rhythmus, worin ihm keiner gleich kommt". Zugleich lobte er Haydns „lichtvolle Darstellung", im Gegensatz zu „chaotischer Anordnung", und auch das ist wahr, denn alle rhythmischen und sonstigen Komplikationen zeigen keinerlei Anstrengung und ordnen sich dem Prozeß des Ganzen zwanglos unter.

2. Die zehn frühen Quartettdivertimenti
(um 1755–61)

Der Anlaß für die Entstehung von Haydns ersten Quartetten war ein „ganz zufälliger Umstand", wie Haydn im Alter erzählte. Er schrieb sie auf Wunsch eines Karl Joseph Weber von Fürnberg, der in seinem Schloß Weinzierl bei Wieselburg in Niederösterreich lebte und Stücke suchte, die sein Pfarrer, sein Verwalter, Haydn und der Cellist Anton Albrechtsberger (ein Bruder des Komponisten) musizieren konnten. Wann er dies tat, darüber werden unterschiedliche Angaben gemacht. Am wahrscheinlichsten ist ein Zeitpunkt vor der Entstehung seiner ersten Sinfonie, die er wohl um 1757, als etwa 25jähriger, in Diensten eines Grafen Morzin schrieb. Er berichtet in seiner kleinen Autobiographie 1776, daß Fürnberg ihn an Morzin empfahl; als dessen Musikdirektor wird er in seiner Heiratsurkunde von 1760 auch bezeichnet. Aber eine ganz frühe Entstehung, etwa um 1750, ist unwahrscheinlich, denn die ersten Quartette zeigen „bei aller Einfachheit doch bereits eine so sichere Factur, wie sie nur durch andauernde vorangegangene Studien erworben werden konnte" (C. F. Pohl, I, 185). Vielleicht entstanden sie um 1755–61. Nach Ausweis datierter Abschriften oder datierbarer Drucke lagen sechs von ihnen spätestens 1762 vor, eins 1763, zwei 1764 und eins 1765. Op. 1 Nr. 1 war nach Griesingers Zeugnis das erste. Die Reihenfolge der Entstehung der übrigen ist ungeklärt. Die der Tradition entsprechende Numerierung folgt bei Op. 1 der zweiten Auflage des Pariser Erstdrucks von La Chevardière, bei Op. 2 der Amsterdamer Ausgabe (J. J. Hummel).

Mit seinen ersten Quartetten baute Haydn nicht auf der althergebrachten Gattung seiner meist dreisätzigen Streichtrios (für zwei Violinen und Violoncello) auf, in der Weise, daß er nun Werke solcher Art mit hinzugefügter Bratsche geschrieben hätte. Vielmehr schloß er sich den fünfsätzigen Cassationen oder Divertimenti für vier oder mehr Stimmen an, die er in unterschiedlichster Besetzung und anfangs als Freiluftmusiken geschrieben hatte. Seine Streichquartettdivertimenti betrachtete er zunächst nicht als besondere Gattung, denn im EK stehen die Anfangsthemen von Op. 1 und 2 verstreut unter den übrigen vier- und mehrstimmigen Divertimenti. Wie diese haben sie jeweils fünf meist kurze Sätze, die in der Regel symmetrisch um ihr Kernstück angeordnet sind: den kantablen langsamen Satz, die eigentliche Serenade. Diese wird umrahmt von zwei Menuetten, jedes mit Trio. Den äußeren Rahmen bilden zwei Presto-Sätze. Das Tongeschlecht jedes Werks ist Dur. Die Quartettdivertimenti fanden größeren Anklang und weitere Verbreitung als die übrigen Divertimenti. 28 bis 48 Abschriften und Druckausgaben (ohne die Mehrfachexemplare der Drucke zu zählen) sind noch heute in den europäischen Bibliotheken und Archiven von jedem einzelnen erhalten.

Haydns erste Quartette sind nicht frei von zeitgebundenen Stilmitteln, etwa bestimmten Kadenzformeln; die Va geht oft orchestermäßig in Oktaven mit dem Vc und übersteigt dabei manchmal die V 2, ganz selten sogar die V 1, und das Vc hat sich noch kaum von seiner Baßfunktion gelöst. Aber wir finden in ihnen im Prinzip fast schon alles, was Haydns späteren Quartettstil ausmacht: einprägsame Motive, Ökonomie des Materials, bewußten Umgang damit, zielgerichteten Aufbau der Form, aber auch Freude an rhythmischen Kapriolen, virtuosen Spielfiguren und klanglichen Wirkungen. Die später gerühmte „Laune" wurde ihm von konservativen Kritikern zunächst angekreidet, z.B. von Carl Ludwig Junker 1776, für den der Ton der Wiener Musik seit Haydn zwar „charakteristischer" als je, aber von der „Würde", die er vorher hatte, „zu sehr bis zur Tändelei herabgesunken" war.[1] E. L. Gerber urteilte 1790 rückblickend: „Schon seine ersten Quatros, welche um das Jahr 1760 bekannt wurden, machten allgemeine Sensation. Man lachte und vergnügte sich auf der einen Seite an der außerordentlichen Naivetät und Munterkeit, welche darinne herrschte, und in andern Gegenden schrie man über

[1] Zwanzig Componisten, eine Skizze (Bern 1776), 28, 55.

Herabwürdigung der Musik zu komischen Tändeleyen und über unerhörte Oktaven" (s. S. 31).[2] Im folgenden seien einige der Eigentümlichkeiten dieser Werke aufgezeigt.

(1) Op. 1 Nr. 1 (Hob. III: 1) B-Dur. Wegen seines eröffnenden Prestos im 6/8-Takt manchmal „La Chasse" (Die Jagd) genannt, beginnt Haydns erstes Quartett mit einem von allen Instrumenten *f* gespielten, im Dreiklang signalartig aufsteigenden Unisono. Es bildet den zweitaktigen Vordersatz des Themas. In dem zwei- und dreistimmigen, *p* gespielten Nachsatz (Texturwechsel und Dualismus) liegt die Melodie eine Oktave höher (Registerwechsel); sie wird im ersten Takt von der V 1 mit Begleitung der V 2 gespielt und im zweiten von der V 2 mit melodischer und rhythmischer Unterstützung der Va bzw. des Vc übernommen (durchbrochene Arbeit). Hinzu kommt eine differenzierte Artikulation: V 1 wechselt nach dem zweiten Achtel des Taktes vom Legato zum Staccato, V 2 und Va binden alle drei Noten:

Im Seitensatz schlägt der Rhythmus um: Eine Achtelpause in allen Stimmen setzt sich an die Stelle der Auftaktnote, und volltaktig schießt ein Motiv in Sechzehntelnoten herab, bevor am Schluß der Exposition der auftaktige Rhythmus wiederkehrt, aber mit Pausen durchsetzt wird. Während der genau bemessenen Generalpause vor dem Doppelstrich – keinem Ruhepunkt, eher einem Unruhepunkt – achtet der Hörer

---

[2] Lexicon der Tonkünstler (Leipzig 1790), 611.

gespannt darauf, wann und wie es weitergeht, der Spieler, daß es korrekt im Takt geschieht. Den Amsterdamer Verleger Johann Julius Hummel störte die rhythmische Anomalie, und er verwandelte sie in den herkömmlichen Einheitsablauf:

Die Durchführung variiert und kombiniert Motive der Exposition. In b-moll erscheint als ein Ansatz zu thematischer Arbeit eine Umkehrung des vereinfachten Hauptmotivs. Dessen Wiedererklingen in B-Dur markiert wirkungsvoll den Beginn der Reprise. Diese beschränkt sich auf einfache, aber schlagkräftige Änderungen, um entsprechend der Sonatenform nicht wie in der Exposition in der Dominante, sondern in der Tonika zu schließen. Das Es-Dur-Trio (hier ausnahmsweise „Minuet secondo" genannt) des ersten Menuetts enthält einen klanglichen Effekt, der im traditionellen Notentext verloren ging: Das Paar V 1–2 spielt bei seinem Dialog mit dem Paar Va-Vc pizzicato. Das Es-Dur-Adagio C atmet in seinem kleinen Präludium im Stile antico, dem ein ebensolches Postludium, das noch einen freien Anhang bekommt, entspricht, und in dem Hauptstück, einem Cantabile der V 1 mit emphatischen Sprüngen und frommen Sequenzen, den Geist einer Kirchenarie im italienischen Stil. Ihre Begleitung beschränkt sich diesem Stil gemäß auf Dreiklänge und Vorhaltakkorde, die in portato gespielte Sechzehntelnoten aufgelöst werden. Das zweite Menuett führt V 1 mit V 2 und Va mit Vc viel in Oktaven – darüber gleich mehr – und läßt beide Paare einander frei imitieren, das erste der kontrapunktischen Einsprengsel, die in Haydns Quartetten immer wieder begegnen. Das volltaktig akzentuierte Trio begnügt sich mit akkordischer Begleitung. Das mit einem Thema von sechs Takten *p* beginnenden Finale (Presto 2/4) weist eine dem I. Satz ähnliche, aber einfachere Sonatenform auf und eine glattere dialogische Struktur.

(2) Op. 1 Nr. 2 (Hob. III: 2) Es-Dur. Der I. Satz (Allegro molto 3/8) mit seinem neuntaktigen Thema zeigt in der Durchführung bereits eine Scheinreprise, kürzt allerdings die richtige Reprise um eben den Teil, der während der Durchführung erklang. Die Kantilene der V 1 in dem B-Dur-Adagio **C**, einem Ständchen, enthält am Schluß beider Teile ein gezupftes Nachspiel. Im zweiten Menuett erklingt zwischendurch ein kleiner Oktavkanon von V 2 und V 1. Das in Achtelnoten springende Thema des Finales (Presto 2/4)

gehört einem Typus an, dem wir öfter begegnen werden.

(3) Op. 1 Nr. 3 (Hob. III:3) D-Dur. Abweichend vom Schema steht ein Adagio 3/4 am Anfang. Es ahmt ein Duett von Sopran und Alt nach. Das erste Menuett bringt nach dem Doppelstrich drei Takte mit kontrapunktischen Imitationen eines Motivs, das aus dem ersten Takt gewonnen ist. Im G-Dur-Trio beginnt die V 1 allein und zweistimmig, indem sie die untere Stimme zupft und die obere streicht. In der Mitte des Quartetts erscheint diesmal ein „Scherzo“ genanntes Presto 2/4 mit einem springenden Thema wie im Finale des vorigen Quartetts. Es ist hier aber durchbrochen, um ein echt quartettmäßiges Dialogisieren von V 1–Va mit V 2–Vc zu ermöglichen. Nach einem schwungvollen d-moll-Mittelteil mit Schleifermotiven, die auch in Umkehrung erscheinen, kehrt der D-Dur-Teil da capo zurück. Das zweite Menuett ist ganz

zweistimmig gehalten: V 1–2 spielen in Oktaven die Melodie, Va–Vc in Oktaven den Baß. Solche Oktavgänge wurden 1766 in den Hamburger *Unterhaltungen* als eine schlechte Neuerung Haydns verspottet[3]. Haydn hatte sie aus der Tanzmusik übernommen. Eine obligate Bratsche war dort ungebräuchlich, und die beiden Violinstimmen gingen oft streckenweise oder das Stück hindurch in Oktaven, wie man dies in seinen vor 1760 komponierten „Seitenstetten"-Menuetten (Hob. IX: 1) am Trio von Nr. 12 sehen kann. Auch das d-moll-Trio hat etwas bewußt Primitives, in das sich aber etwas Raffiniertes mischt: V 1 und Va spielen in Oktaven einen Cantus firmus aus punktierten halben Noten, zuerst aufsteigend in einem d-moll-Hexachord (die ersten sechs Töne der Tonleiter), dann absteigend in der mixolydischen F-Dur-Tonleiter (mit Es statt E), schließlich chromatisch aufsteigend; dazu kontrapunktieren V 2 und Vc abwechselnd in Achtelnoten. Das Finale, ein Presto 3/8 in Da-Capo-Form mit Moll-Mittelteil wie das Scherzo, war wohl das Vorbild der Finalsätze in den frühen Sinfonien Nr. 15 und 20.

(4) Op. 1 Nr. 4 (Hob. III: 4) G-Dur. Im g-moll-Trio des ersten Menuetts antworten Doppelgriffe in der V 1 energisch auf die stakkatierten Unisonogänge der vereinigten Unterstimmen. Im Adagio ma non tanto C fallen sie im zweiten Teil um so mehr auf, als der ganze Satz, ausnahmsweise auch von der V 1, „sempre piano" gespielt wird; V 2, ausdrücklich als „Echo" bezeichnet, spielt der V 1 diese Doppelgriffe „con sordino" in gleicher Oktavlage, die Phrasenschlüsse oder kurzen Motive eine Oktave tiefer nach, ohne diese Manier zu übertreiben. Das g-moll-Trio beginnt mit einem *p* gespielten Kanon der beiden Violinen im Einklang. Im Finale (Presto 2/4), dessen Form der des Scherzos von Nr. 3 gleicht, kehrt der durch Doppelgriffe besonders volle G-Dur-Akkord des Anfangs im Lauf des Stückes mehrfach wieder, mit elementarer Wucht nach dem nur für V 1 und 2 gesetzten ersten Abschnitt des e-moll-Mittelteils.

---

[3] Hubert Unverricht: Geschichte des Streichtrios (Tutzing 1969), 156.

(5) Op. 1 Nr. „0" (Hob. II: 6) *Es-Dur.* Das erste Menuett beginnt mit einer Phrase aus drei Takten. Das hat J. J. Hummel in seinem konventionellen Geschmack gestört, so daß er den Anfangstakt hier und in der Reprise doppelt druckte. Die Exposition des Finales (Presto 2/4) ist aus 9 + 4 + 5 + 4 + 4 Takten aufgebaut; Hummel hat hier und in der Reprise die fünftaktige Phrase auf vier Takte zurechtgestutzt und den fünftaktigen Epilog mit banalen Wiederholungen des Schlußakkordes auf sechs Takte verlängert.

(6) Op. 1 Nr. 6 (Hob. III: 6) *C-Dur.* Der Mittelsatz, das Adagio 2/4, anscheinend das Vorbild für die berühmte Serenade in dem unechten Op. 3, schmeichelt sich ein durch eine von der V 1 „con sordino" gespielte Melodie, die von den anderen Instrumenten mit gezupften Akkorden durchsichtig begleitet wird.

(7) Op. 2 Nr. 1 (Hob. III: 7) *A-Dur.* Das a-moll-Trio des ersten Menuetts bezaubert durch seine Verbindung von lockender Melodie, reizender Begleitung in stakkatierten Achtelnoten mit Pizzicato-Viertelnoten und seinen herrlichen Wechsel nach C-Dur. Das hübsche Trio des zweiten Menuetts bedient sich ähnlicher Klangmittel.

(8) Op. 2 Nr. 2 (Hob. III: 8) *E-Dur.* Im e-moll-Trio des ersten Menuetts übernimmt am Schluß, ansatzweise sich emanzipierend, das Vc in Tenorlage das Thema. Im A-Dur-Adagio **C** duettiert die V 2 mit der V 1; diese spielt konzerthaft mehrere Passagen in Terz- und Doppelgriffen und hat zweimal auf einem Quartsextakkord mit Fermate eine herkömmliche Kadenz zu improvisieren. Im zweiten Menuett machen V 1 und V 2 von der Bariolage Gebrauch, dem auch in späteren Quartetten wiederkehrenden abwechselnden Spiel desselben Tons auf zwei benachbarten Saiten, wodurch er klanglich variiert.

(9) Op. 2 Nr. 4 (Hob. III: 10) *F-Dur.* Im I. Satz (Presto 6/8) hören wir in der Durchführung nach einem Halbschluß von g-moll in D-Dur und einer Generalpause einen Einsatz des Hauptmotivs in B-Dur, und nach einem Halbschluß von es-moll in B-Dur einen Wiederbeginn in G-Dur – Vorboten

künftiger harmonischer Überraschungen. Das f-moll-Adagio 3/4 erschließt neue Ausdrucksmöglichkeiten im Rahmen des Serenadentypus. Im B-Dur-Trio des zweiten Menuctts (Allegretto) hören wir nach dem Doppelstrich statt der notierten vier 3/4-Takte sechs 2/4- (oder drei 4/4-) Takte und ein drolliges Umschlagen in den 3/4-Takt am Schluß:

Dasselbe in anderer Notierung

(10) Op. 2 Nr. 6 (Hob. III: 12) B-Dur. Den Anfang machen diesmal vier Variationen (Adagio 2/4) über ein liedhaftes Thema. Mit diesem und seinen anderen Variationensätzen in frühen mehrsätzigen Instrumentalwerken begründete Haydn eine große Tradition. Die Variationen sind als solche bezeichnet und numeriert, und jeder liegen nach alter Art die gleichen Baßnoten zugrunde. In den drei Oberstimmen wird das Thema figurativ umspielt, in jeder Variation auf andere Weise.

3. Die achtzehn Quartette um 1768–72

a) Erste Serie: Die sechs Quartette Op. 9 (um 1768–70)

Diese sechs Werke bilden die erste geschlossene Serie in Haydns Quartettschaffen. Das Autograph ist nicht erhalten, aber die Themen hat Haydn im EK eigenhändig als Gruppe eingetragen, in der Reihenfolge wie unten. Die abweichende gängige Numerierung geht auf die Pariser Ausgabe von Huberty (1772) zurück, mit der Haydn ebenso wenig wie mit den anderen Ausgaben dieser und der beiden folgenden, ebenfalls zuerst in Abschriften verbreiteten Serien zu tun hatte.

Die Datierung ergibt sich aus folgendem: Haydn hat die Themen im EK unterhalb der Messe „Sunt bona mixta malis" von 1768 eingetragen. Da die Quartette Op. 9 von Breitkopf 1771 als in Abschriften zu erwerben angezeigt wurden und 1771 oder 1772 (nicht 1769, wie man auch lesen kann) im Druck erschienen, müssen sie zwischen 1768 und 1771 entstanden sein oder besser zwischen 1768 und 1770, denn 1771 entstanden bereits die Quartette Op. 17. Über den Entstehungsanlaß kann man nur rätseln. Haydn schrieb normalerweise nicht für die Schublade; dafür hatte er viel zu viele Pflichten und Aufträge. Vielleicht hatten die Quartette ihren Platz in der Kammermusik des Fürsten Nikolaus Esterházy, dessen Kapellmeister Haydn nun war. Dann hätte er bei der V 1 möglicherweise an den Konzertmeister seines kleinen Orchesters, Luigi Tomasini, gedacht, was meist angenommen wird. Nicht auszuschließen ist jedoch die Bestimmung für einen auswärtigen Auftraggeber. Zwar war Haydn laut Dienstvertrag vom Jahre 1761 verpflichtet, nur für den Fürsten zu komponieren; aber das schloß Nebenaufträge nicht aus, wie das Beispiel der lateinische Kantate *Applausus* zeigt, die er 1768 für das Kloster Zwettl komponierte.

Die Quartette Op. 9 rechnen nicht zu den berühmtesten und sind dennoch von epochaler Bedeutung. Haydn verließ mit ihnen die fünfsätzige Cassation und orientierte das Streichquartett an der viersätzigen Sinfonie, besonders an dem Sinfonie-Typus mit dem Menuett vor dem langsamen Satz (Sinfonie Nr. 32, 37, 108): Schnell (im Quartett zunächst mäßig schnell) – Menuett mit Trio – Langsam oder mäßig langsam – Schnell. Die meisten Sätze sind länger als in den Quartettdivertimenti, führen das Vc freier und selbständiger und loten tiefere Ausdrucksbereiche aus. Mehr als die Hälfte aller 24 Sätze endet *p* oder *pp*, darunter zweimal der Finalsatz. Weitere zukunftweisende Züge, die da und dort, nicht regelmäßig vorkommen, sind frappante Trugschlüsse, im Sonatensatz unmerkliche Übergänge zwischen den Teilen und eine Coda, in Menuett und Trio entweder ein starker Moll-Dur-Kontrast oder umgekehrt eine starke motivische Angleichung nebst Rückleitung zum Menuett mit Halbschluß. Für die zweite und dritte Serie von Einfluß ist das Tempo Moderato **C**, das uns statt des schnellen Tempos in vier Eingangssätzen begegnet; es kommt bei Haydn vorher in anderen Kammermusikgattungen vor, in Konzerten und Klaviersonaten, und verschwindet nach 1775. Es ermöglicht differenzierte Notenwerte: halbe, Viertel-, Achtel-, Sechzehntel-, Zweiunddreißigstel-Noten, Sechzehnteltriolen, punktierte Viertel-, Achtel- und Sechzehntelnoten. Das kommt der Expansion und Intensivierung des Ausdrucks entgegen, die in den Jahren um 1770 in nicht wenigen Werken spürbar ist: z. B. in den Klaviersonaten As-Dur Nr. 46, g-moll Nr. 44 und c-moll Nr. 20, in den Sinfonien f-moll Nr. 49 („Passione"), e-moll Nr. 44 („Trauersinfonie") und fis-moll Nr. 45 („Abschiedssinfonie"). Der französische Musikologe Théodore de Wyzewa sprach 1909 mit Bezug auf diese Werke von einer „crise", einer „inspiration ,romantique'" und verglich sie mit der Erscheinung des literarischen „Sturm und Drang".[1] Tatsächlich sind die Streichquartette Op. 9, 17 und 20 in manchen Sätzen von einer Aufbruchstimmung erfüllt, die derjenigen in Goethes „Sturm und Drang"-Lyrik vergleichbar ist. Es gibt aber auch Sätze, bei denen eine solche Parallele sich nicht aufdrängt. Zwiespältig sind die häufigen Trommelbässe (wiederholte Achtelnoten auf einem Ton), die

[1] Revue des deux mondes, Bd. 51 (Paris 1909), 935–946.

sowohl Unruhe wie Gemütlichkeit anzeigen können. Zu den ausgesprochen konventionellen Elementen gehören die gleichwohl schönen und quartettmäßigen Sequenzen – die in „homöopathischer Dosis" und mit bester Wirkung noch in Haydns letzten Quartetten vorkommen – und die vom Primgeiger zu improvisierenden Verzierungen bei Fermaten in den langsamen Sätzen außer in dem B-Dur-Quartett.

(11) Op. 9 Nr. 4 (Hob. III: 22) d-moll. Der teils grüblerisch wirkende, teils über Periodengrenzen und Satzteile leidenschaftlich hinausdrängende I. Satz (Moderato C) des wichtigsten und beliebtesten Quartetts in dieser Serie ist exemplarisch für die Sturm-und-Drang-Seite des neuen Quartettstils: Wechsel der unterschiedlichsten Notenwerte, Nebeneinander von engschrittiger und sprunghafter Melodik, dynamische Kontraste und Steigerungen, Fermaten, Pausen. Charakteristisch ist der Abbbruch der a-moll-Scheinreprise:

Dazwischen gibt es klanglich betonte, spielerische Phrasen, die Haydns „Laune" zu ihrem Recht verhelfen. Auch in dem umfangreichen Menuett macht sich mit seinem Abwechseln von *f* und *p*, seinen plötzlichen Pausen und seinem zerfaserten *pp*-Schluß, der den dritten und vierten Takt des I. Satzes aufgreift, expressives Streben bemerkbar. In überdeutlichem Kontrast zu dem d-moll des Menuetts klingt das von den beiden Geigen gespielte dreistimmige D-Dur-Trio, von V 1 ständig in Doppelgriffen gespielt, wie ein kleines Engelskonzert. Das Adagio cantabile ¢ in B-Dur bringt das erste Beispiel für die

Anwendung der Technik von C. Ph. E. Bachs „veränderten Reprisen": Es beginnt mit einer Exposition von 22 Takten, die in der V 1 reicher ornamentiert und in den Begleitstimmen bearbeitet wiederholt wird. Der IV. Satz (Presto 6/8) wirkt mit Abschnitten, in denen Motive kontrapunktisch imitiert oder Akkordzerlegungen über alle Stimmen verteilt werden („style brisé"), wie eine auf das Quartett übertragene, modernisierte Variante des barocken Typus der Gigue, die in Lauten-, Cembalo- und Violin-Suiten den Schlußsatz bildete.

(12) Op. 9 Nr. 1 (Hob. III: 19) C-Dur. Im I. Satz (Moderato C) ist die Melodie des Hauptsatzes mit sanften Vorhaltsseufzern vermischt, deren empfindsamster, auch im langsamen Satz erneut auftretender, besser aus der *Zauberflöte*, dort zu den Worten „ich fühl' es", bekannt ist. Das Vc macht im I. Satz und in dem ländlerhaften Menuett (Un poco Allegretto) öfter von seinem tiefsten Ton, dem C der leeren Saite, Gebrauch: ein Zeichen dafür, daß die besondere Klangqualität dieses Instruments nun ganz bewußt ins Spiel kommt. Weitere Feinheiten: Vor der Schlußgruppe von Exposition und Reprise im I. Satz staut sich in einer Fermate ein kleiner, geheimnisvoll *p* zu spielender vierstimmiger Kanon, dessen Töne einen verminderten Septakkord ergeben. Die modulierenden Sequenzen des c-moll-Trios enden in einem breit ausgesponnenen Halbschluß, der die tonale Stabilität wiederherstellt und ohne Wiederholung des zweiten Teils ins Menuett zurücklenkt. In dem siziliano-artigen III. Satz in F-Dur (Adagio 6/8) wird die durch seine Monothematik gefährdete Spannung in dem C-Dur-Seitensatz durch zwei Trugschlüsse aufrecht erhalten: einen ersten in a-moll, einen zweiten in As-Dur (in der Reprise: d-moll und Des-Dur) – das erste Beispiel klarer Terzverwandtschaft. Das Finale (Presto 2/4) stellt zwei jeweils von der V 1 eingeführte Motive einander gegenüber: ein im C-Dur-Dreiklang staccato springendes Hauptmotiv und ein chromatisch aufsteigendes, gebundenes Nebenmotiv. Am Schluß der Durchführung wird das chromatische Motiv geistvoll zur Rückleitung in die Reprise des springenden Hauptmotivs benutzt.

(13) Op. 9 Nr. 3 (Hob. III: 21) G-Dur. Im I. Satz (Moderato C) begleitet die V 1 an einigen Stellen ihre Melodie mit einem Bordun auf der leeren G- oder D-Saite. Das Menuett (Allegretto) besteht aus lauter sechstaktigen Phrasen von teils 3 + 3, teils 2 + 2 + 2, einmal 1 + 2 + 2 + 1 Takten. In dem kontrapunktischen Trio entsteht ähnlich wie in Op. 2 Nr. 4, diesmal durch Synkopierung, der Eindruck von wechselnden Takten:

Dasselbe hätte Strawinsky vielleicht so notiert:

Heinrich Christoph Koch zitiert diese Stelle in seinem *Musikalischen Lexikon* (Frankfurt a. M. 1802) als Beispiel für „Imbroglio, die Verwirrung": „So benennet man zuweilen diejenigen Sätze [= Abschnitte] eines Tonstückes, in welchen eine entgegengesetzte Taktart eingemischt ist". In dem Largo 3/4 in C-Dur setzt sich das Spiel mit dem Rhythmus diskret fort in meditativen Ketten von Sechzehntelnoten, die ihrem Motiv nach meist aus vier Noten bestehen, ihrem Rhythmus nach aber aus Triolen, so daß der Akzent fortwährend wechselt. Dem achttaktigen Thema des Finales (Presto 2/4) sind 2 + 2 Takte eines *p* gespielten Motivs vorangestellt, das uns in seiner Beiläufigkeit suggerieren will, das Stück beginne irgendwo in der Mitte: eine zukunftweisende Technik.

(14) Op. 9 Nr. 2 (Hob. III: 20) Es-Dur. Im I. Satz (Moderato C) wird der B-Dur-Seitensatz in dem Augenblick, in dem man die Schlußkadenz erwartet, durch eine Molleintrübung und eine Ausweichung nach Ges-Dur (in der Reprise Ces-Dur) erweitert. Erst der zweite Anlauf führt zum B-Dur-Schluß, der aber mit dem letzten Ton As moduliert und damit in die Wiederholung der Exposition bzw. in die Durchführung überlei-

tet. Das Menuett verbindet moderne Melodie und altertümliche Basso ostinato-Technik, indem es über einem in beiden Teilen gleichen, in der Tonleiter absteigenden Baß aufgebaut ist. Das Adagio in c-moll besteht aus einem im C-Takt stehenden Präludium, das den expressiven Klavierstil C. Ph. E. Bachs dem Streichquartett dienstbar macht, und einem Cantabile 3/4 mit „veränderter Reprise". Im Finale (Allegro di molto C) berührt die V 1 das viergestrichene D, ein Zeichen für die neue Ausweitung des Klangraums.

(15) Op. 9 Nr. 5 (Hob. III: 23) B-Dur. Der I. Satz besteht wie in Op. 2 Nr. 6 aus vier Variationen über ein liedhaftes Thema von 8 + 12 Takten im 2/4-Takt (Poco Adagio). Das Vc hält außer in der zweiten Variation, in der es an dem Figurenwerk teilhat, wieder ziemlich an einem gleichbleibenden Baß fest. Ein gemeinsames Motiv verbindet den zweiten Teil des Menuetts mit dem Trio. Der III. Satz ist ein Es-Dur-Largo cantabile 3/4 mit ausgeprägt obligatem Akkompagnement. In dem temperamentvollen Schluß-Presto 2/4 erscheint erstmals eine die Form erweiternde Coda.

(16) Op. 9 Nr. 6 (Hob. III: 24) A-Dur. Der I. Satz (Presto 6/8) reiht nette kleine Melodien und glanzvolle Passagen aneinander. Das Finale (Presto 2/4) mit seinen raschen Abwärtsläufen ist so kurz wie möglich gehalten, gewissermaßen als wenn Haydn die Spieler und Zuhörer aus seinem Opus hinauskomplimentieren wollte. Mit den abschließenden A-Dur-Akkorden in Doppelgriffen dreht er vernehmlich den Türschlüssel um.

b) Zweite Serie: Die sechs Quartette Op. 17 (1771)

In der unten gewählten Reihenfolge hat Haydn diese Quartette im EK eingetragen. Sie wird von der im Archiv der Gesellschaft der Musikfreunde in Wien aufbewahrten Originalhandschrift bestätigt. Das Manuskript befand sich vorher im Besitz einer Wiener Familie Neuwirth, in deren Haus Haydn angeblich bei Quartetten die Viola spielte. Das F-Dur-Quartett bringt die Datierung: „di giuseppe Haydn ppria [manu propria, mit eigener Hand] 771." Das Erscheinungsjahr ist 1772. Die abweichende traditionelle Reihenfolge geht auf die Amsterdamer Erstausgabe (J. J. Hummel) zurück.

Die Werke haben im Durchschnitt einen etwas größeren Umfang als in Op. 9, schließen sich dieser Serie aber eng, fast zu eng an: Als I. Satz kommt hier wie dort viermal ein Moderato C vor, einmal ein Variationensatz in mäßig langsamem 2/4-Takt und einmal ein Presto 6/8. Als III. Satz erscheint hier wie dort einmal ein sizilianoartiger Satz und einmal ein solcher mit rezitativischen Zügen. In den langsamen Sätzen von zwei Quartetten gibt es wieder Fermaten, die eine improvisierte Kadenz erfordern. Auch die aus Op. 9 bekannten *p*- oder *pp*-Schlüsse finden sich in manchen Sätzen, vor allem in vier Finalsätzen. In drei Finalsätzen sowie einem Eingangssatz verwendet Haydn die im B-Dur-Quartett von Op. 9 eingeführte Coda. Von der Scheinreprise wird in allen ersten Sonatensätzen Gebrauch gemacht, sei es in einer verwandten Tonart, sei es in der Grundtonart.

(17) Op. 17 Nr. 2 (Hob. III: 26) F-Dur. Im I. Satz (Moderato C) gefällt besonders die dissonante Trugschlußwendung nach dem ersten Kadenztriller; sie erklingt dreimal hintereinander. Das Trio verarbeitet die Schlußfloskeln des Menuetts (Poco Allegretto) und leitet von seinem nicht wiederholten zweiten Teil mit ausgesponnenem Halbschluß und einem Halteton der V 1 „attacca subito" zurück. Im Adagio ¢ wiederholt die V 1 ihre Melodie eine Oktave tiefer auf der G-Saite, eine später häufige Spieltechnik.

(18) Op. 17 Nr. 1 (Hob. III: 25) E-Dur. Das Menuett arbeitet mit kontrapunktischen Imitationen eines dem Thema entnommenen Oktavsprungs aufwärts. Das e-moll-Trio beginnt mit der Tonfolge E-Fis-G-A, die der Tonfolge Eis-Fis-Gis-A in den Schlußtakten des Menuetts nachgebildet ist, und schließt mit einer rhythmischen Akzentverschiebung nach Art einer traditionellen Hemiole: drei 2/4-Takte erklingen im Rahmen von zwei 3/4-Takten. Das auftaktige Hauptthema des themenreichen Finales (Presto 2/4) besteht aus 6 + 6 Takten mit einer kapriziösen Pause als jeweils sechstem Takt. Beide

Teile des Satzes enden mit einer eleganten Zurückleitung ins Hauptthema, das rondoartig auch den zweiten Teil eröffnet. Bei seiner letzten Wiederkehr wird die Bewegungsrichtung des zweiten Sechstakters umgekehrt, ein feiner Zug, der in Haydns späteren Quartetten vereinzelt wiederkehrt.

(19) Op. 17 Nr. 4 (Hob. III: 28) c-moll. Der I. Satz (Moderato C) beginnt mit einem Auftakt von zwei unbegleiteten halben Noten auf der Terz Es und der Quinte G. Dadurch bleibt die Tonart unbestimmt, bis als dritter Ton die Tonika C erklingt und die anderen Stimmen hinzutreten – eine Vorahnung der einleitenden Terz und Quinte in dem langsamen fis-moll-Satz von Beethovens Hammerklaviersonate Op. 106. Beim zweiten Anlauf folgt nach Es und G statt der Note C die Note B als Quinte von Es-Dur und zu Beginn der Durchführung ein wunderbares As als Tonika von As-Dur. Mit den aufsteigenden Intervallen arbeitet Haydn besonders schön vor der Scheinreprise in Es-Dur, die mit dem Ton Es endet, der zugleich, was sich erst einen Takt später herausstellt, die Terz von c-moll und der erste Ton der echten Reprise ist. Das Allegretto-Menuett steht überraschend in freundlichem C-Dur und betont seine ländlerischen Züge mit einem „Wumm-ta-ta" des Vc, noch mehr als das recht ähnliche Menuett des C-Dur-Quartetts aus der vorigen Serie dies tut. Wenn das Menuett eigentlich zuende ist, wird wie dort der Anfang noch einmal *p* zitiert. Das in dissonanten Vorhalten wehklagende c-moll-Trio bildet einen beredten Gegensatz zum Menuett. Das Adagio cantabile 3/4 stellt mit seiner „veränderten Reprise" des langen, 33 Takte umfassenden ersten Teils die Geduld des heutigen Hörers auf die Probe, jedenfalls bei zu langsamer Temponahme; in seinem Thema hören wir das „Ich fühl' es"-Motiv aus Op. 9, C-Dur, wieder.

(20) Op. 17 Nr. 6 (Hob. III: 30) D-Dur. Das Hauptthema des Finales (Allegro 2/4) erweist sich als bestens geeignet zur Umkehrung, Kontrapunktierung und Sequenzierung. Eine folkloristische a-moll-Melodie im Seitensatz begleitet die V 1 mit Haltetönen, die sie, ähnlich wie in Op. 9, G-Dur, in Doppelgriffen als Bordun auf der leeren Saite spielt. Auch in spä-

teren Quartetten werden solche Momente ein musikantisches Gegengewicht gegen die artifizielle Seite von Haydns Kompositionstechnik bilden. In einem kurzen Abschnitt macht V 1 außerdem von der Bariolage Gebrauch. Die Coda endet offen, mit einer Umkehrung des dem Thema entnommenen Terzmotivs.

(21) Op. 17 Nr. 3 (Hob. III: 27) Es-Dur. Die eröffnenden vier Variationen über ein liedhaftes Thema (Andante grazioso 2/4) von wieder 8 + 12 Takten entsprechen in ihrer Form dem Eingangssatz von Op. 9, B-Dur. Auch ist der Baß im wesentlichen noch unverändert, wird aber vom Vc in der letzten Variation stark figuriert. Das schon fast scherzohafte Allegretto-Menuett wiederholt wie im c-moll-Quartett das Thema, aber im höchsten Klangregister. Im Trio wird klangschön eine in drei Oktaven erklingende volks- und urtümlich anmutenden Melodie von Achtelnoten in der V 1 umspielt und einem dudelsackartigen Bordun in der Va begleitet. Der schwärmerische Ernst des As-Dur-Adagios 3/4, das sich vom Serenadentyp fernhält, führt zu Modulationen nach so weitentlegenen und seltenen Tonarten wie ges-moll, Eses-Dur und Fes-Dur.

(22) Op. 17 Nr. 5 (Hob. III: 29) G-Dur. Das von jeher beliebteste Quartett dieser Serie kennzeichnet Wilhelm Altmanns *Kammermusik-Katalog* (5. Auflage 1942) als dasjenige „mit dem Rezitativ im Adagio". Dieses Adagio 3/4 besteht aus einem kurzen B-Dur-Arioso der V 1, das, vielleicht in freier Anlehnung an das Andante in C. Ph. E. Bachs erster Preußischer Sonate, von rezitativartigen g-moll-Abschnitten umrahmt wird; dann folgt ein Epilog. Zu den Schönheiten des I. Satzes (Moderato C) gehört der erfrischend derb zu den vorangegangenen Subtilitäten kontrastierende Schlußgedanke der Exposition mit seinen tremolierenden Doppelgriffen. Es gehört dazu auch die Überleitung zur Reprise, wenn die V 1 *pp* scheinbar taktfrei und ziellos eine lange Passage von kreisenden Sechzehntelnoten spielt, dann und wann gestützt von einem bald auf diesem, bald auf jenem Taktteil einfallenden Akkord der übrigen Instrumente. Das ist eine Technik, die

später in Varianten wiederkehren wird. Nach einem Langsa-merwerden und Ausruhen setzt das Thema mit seinem festen Marschrhythmus f wieder ein. In dem Allegretto-Menuett werden von der V 1 fast alle Phrasen mit einem auftaktig auf-steigenden Dreiklangsmotiv eröffnet, das die Va und das Vc jeweils abgewandelt nachahmen. An zwei Stellen unterbre-chen 2/4-Rhythmen energisch den 3/4-Takt. In dem g-moll-Trio kontrapunktieren ein Staccato- und ein Legato-Motiv eine eigentümliche Melodie aus halben und Viertelnoten, die von der V 2 und dem Vc, dann von der Va und dem Vc, in Terzen gespielt wird. Nach plötzlichem Abbruch im f und einer kleinen, bereits vom Hauptthema geprägten Überleitung geht es ohne Wiederholung des zweiten Teils „attacca subito" ins Menuett zurück. Das Hauptthema des Finales (Presto 2/4) hat als charakteristisches Begleitmotiv einen die Zäsuren überbrückenden Oktavsprung in der Va; am Schluß dialogi-siert dieser in Va–Vc p mit dem Themenkopf in V 1–2, bis mit einem pp-Schlußakkord das Wechselspiel abbricht.

c) Dritte Serie: Die sechs Quartette Op. 20 (die Sonnenquartette) (1772)

Die „Sonnenquartette" von 1772 heißen so nach dem Titel-blatt des Nachdrucks von J. J. Hummel, das eine Sonne zeigt. Eine recht enttäuschende Erklärung des schönen Namens, den man eher in einem anderen Sinne verstehen möchte, denn mit diesem Opus, mit dem „Haydns Name so entscheidend seinen Ruhm begründet hat",[2] geht wahrhaft die „Sonne" der Streichquartettgattung auf. „Von dieser Nummer an erscheint Haydn in seiner ganzen Größe als Quartetten-Komponist", schrieb 1812 E. L. Gerber.[3] Nicht nur in ihrem äußeren Umfang (nach Takt- und Seitenanzahl) übertreffen diese Quartette die früheren.

[2] Anzeige des Verlags Artaria in der Wiener Zeitung vom 8. April 1801.
[3] Neues historisch-biographisches Lexikon der Tonkünstler, II (Leipzig 1812), 576.

Die unten eingehaltene Reihenfolge ist diejenige von Haydns eigenhändigen Eintragungen im EK. Die Reihenfolge in Haydns autographer Partitur, die Johannes Brahms besessen und dem Archiv der Gesellschaft der Musikfreunde in Wien vermacht hat, sagt nichts Entscheidendes aus, da die sechs unnumerierten, jeweils mit 1772 datierten Manuskripte erst später der traditionellen Anordnung gemäß zusammengebunden wurden. Diese geht auf Pleyel und letztlich J. J. Hummel zurück. Wieder andere Reihenfolgen zeigen die 1774 in Paris erschienene, nicht autorisierte Erstausgabe und eine 1800–1801 erschienene, von Haydn dem aus Beethovens Biographie bekannten Cellisten Nicolaus Zmeskall von Domanovetz gewidmete Ausgabe von Artaria in Wien. Sie ist zwar „durch die Hand und unter der Aufsicht des Verfassers" durchgesehen worden, wie es in der Anzeige des Verlegers heißt, aber offenbar nicht von ihm allein und nicht nach dem Autograph.

Es gibt in den Satztypen von Op. 20 Gemeinsamkeiten mit denen von Op 9 und 17: unter den langsamen Sätzen ein Siziliano, einen Variationensatz (aber als II., nicht als I. Satz) und einen Satz mit rezitativischen Zügen; ferner gibt es zwei (statt vier) Eingangssätze mit dem Tempo Moderato C. Wie in Op. 9 endet mehr als die Hälfte aller Sätze *p* oder *pp*, darunter allerdings nur ein Schlußsatz. Die Coda kommt weniger oft vor als in Op. 17, darunter einmal – eine Neuheit – in dem Variationensatz. Neu sind vor allem die in den ersten drei Quartetten auf die Tradition der sogenannten Kirchensonate zurückgreifenden Schlußfugen zu zwei, drei und vier Themen. Haydn hatte fugierte Sätze in seiner großen Cäcilienmesse (1766), seinem Stabat mater (1767), in der Sinfonie Nr. 40 von 1763 und in vielen Barytontrios der Jahre um 1770 geschrieben. Möglicherweise wollte er mit dem Fugenstil der Quartette den konservativen Geschmack des Wiener Kaiserhofes berücksichtigen oder sich gegen die ebenfalls konservative norddeutsche Kritik verteidigen. Noch in seiner kleinen Autobiographie vom Jahre 1776 zeigte er sich über die Kritik der „Herrn Berliner" an seinem Kammerstil gekränkt. Mit seinen Quartetten Op. 20 lieferte er 1772 den Beweis, daß ein Kritiker wie der Pädagoge und Theologe Johann Christoph Stockhausen Unrecht hatte, als er 1771 gegen die fortschrittliche italienische, Mannheimer und österreichische Schule drucken ließ: „Jetzt nehmen die Sachen von Heiden, Toeschin [Carl Joseph Toeschi], Cannabisch [Christian Cannabich], [Anton] Filz, [Gaetano] Pugnani, [Carlo Antonio] Campioni sehr überhand. Man darf [braucht] aber nur halber Kenner seyn, um das Leere, die seltsame Mischung vom comischen und ernsthaften, tändelnden und rührenden, zu merken, welche allenthalben herrscht. Die Fehler gegen den Satz, besonders gegen den Rhythmus [nämlich den Einheitsablauf des Barock], und meistentheils eine große Unwissenheit des Contrapunkts, ohne die [den] noch keiner ein gutes Trio gemacht hat, sind in allen diesen sehr häufig. Nur der lobt sie, dem eine Zeile glänzende Melodie alles ist. Die neumodischen Trio's sind oft ehrliche Solo's oder Duetten gewesen, die man zu allem machen kann. Eben das gilt auch von den Quatuor's dieser Herren."[4] Damit Stockhausen und andere den richtigen Respekt bekamen, überschrieb Haydn die Fugen ausdrücklich mit „Fuga a 2 soggetti", „con tre soggetti", „a 4tro soggetti" (zu 2, 3, 4 Themen, will sagen: mit 1, 2, 3 Kontrasubjekten, d. h. beibehaltenen Kontrapunkten zu dem Hauptthema) und machte mit den Vermerken „al rovescio" (in Umkehrung) und „in canone" auf besondere Kunstgriffe aufmerksam.

Haydns eigentliche Kunst besteht bei allen drei Fugen jedoch weniger in der Kontrapunktik als in der Leichtigkeit, mit der er sie dem Geist des Quartetts, „der motivischen Arbeit, der Aufschlüsselung und Atomisierung des Themenmaterials vor allem in den Zwischenspielen"[5] dienstbar macht. Von Kopien eines archaischen Stils in einer modernen Umgebung

[4] Critischer Entwurf einer auserlesenen Bibliothek für die Liebhaber der Philosophie und schönen Wissenschaften (Berlin, 4. Auflage, 1771), 464 f.
[5] Ekkehard Kroher in der Wissenschaftlichen Zeitschrift der Karl-Marx-Universität Leipzig, Gesellschafts- und sprachwissenschaftliche Reihe, V/4 (1955/56), 374.

kann gar keine Rede sein. So werden alle drei Fugen von Anfang bis kurz vor Schluß bewußt „sempre sotto voce" gespielt; dann brechen die vier Instrumente in ein erlösendes Forte aus (das bei dem Schluß-Unisono der A-Dur-Fuge vielleicht versehentlich nicht notiert ist). Die Kontrapunktik der Fugen befruchtet auch die anderen Sätze. Trotzdem sehen einige Musikhistoriker einen Stilbruch: es fehle „die Vermittlung zwischen strenger und freier musikalischer Gestaltung" (Adolf Sandberger); Haydn sei in der „Sackgasse eines übersteigerten Radikalismus" angelangt (Friedrich Blume); Ludwig Finscher spricht von „innerer und äußerer Krise" und findet „keine gültigen Ergebnisse". Soweit diese Urteile den Einfluß des „Sturm und Drang" kennzeichnen sollen, sind sie annehmbar; soweit sie ein ästhetisches Mißfallen zum Ausdruck bringen, sind sie es nicht. Donald Tovey sieht in Op. 20 das Ziel der historischen Entwicklung von Haydns Quartettschaffen. Sondheimer widerspricht Sandberger ausdrücklich und nennt Op. 20 ebenfalls das entscheidende Werk in Haydns künstlerischer Laufbahn. Rosemary Hughes nennt die Quartette Op. 20 Meisterwerke. Für Philip Downs sind sie größer als die folgende Serie (Op. 33). Unbestreitbar ist in Op. 20 die Entwicklung der vier Instrumente, also auch der Va und vor allem des Vc, zu voller Selbständigkeit.

(23) Op. 20 Nr. 5 (Hob. III: 35) f-moll. Im I. Satz (Moderato C) steht dem drängenden Rhythmus des gefühlsgeladenen Hauptthemas der kapriziöse, im Laufe des Satzes immer mehr an Bedeutung gewinnende Rhythmus des As-Dur-Seitenthemas gegenüber. In der Coda werden beide Rhythmen unmittelbar miteinander kontrastiert. Dann erklingen, „piano assai" vorgetragen, geheimnisvolle Akkorde in den seltenen, noch über Op. 17 hinausgehenden Tonarten ges-moll, Eses-Dur, Fes-Dur und Bes-Dur. In dem f-moll-Menuett wirkt der erste Begleitrhythmus des I. Satzes abgewandelt weiter. Nach der Wiederholung des zweiten Teils folgt in Taktverschränkung oder „Takterstickung" (der letzte Takt der abschließenden Phrase ist zugleich der erste Takt der neuen Phrase) das F-Dur-Trio. Dieses bringt durch seine Dur-Aufhellung und seine

Tanzrhythmen Entspannung. Andererseits hält es durch seine zwar klare, aber komplizierte Phrasierung die Spannung aufrecht. Ein voreiliger Schluß, dem nach einer Pause des Nachdenkens der richtige Schluß folgt, verrät uns, daß Haydn seine Neigung zum Schalk auch hier nicht ganz unterdrücken kann. Die Siziliano-Melodie des Adagio 6/8 in F-Dur begleitet und schmückt die V 1 mit virtuosen kleinen Passagen und Fiorituren. Am Schluß des überleitenden Teils merkt Haydn für seine Kritiker an: „per figuram retardationis"; die Dissonanz einiger betonter Zweiunddreißigstelnoten erklärt er mit einer Figur aus der musikalischen Rhetorik des Barockzeitalters als Verzögerung der Melodie gegenüber der Begleitung. Von dem Stimmungsgehalt der ersten drei Sätze hebt sich die Schlußfuge auffallend ab. Demonstrativ wählt Haydn ein traditionelles Thema aus ganzen und halben Noten im ¢-Takt. Wir kennen es z. B. aus dem Chor „Durch Seine Wunden sind wir geheilt" in Händels *Messias*. In seinen Umrissen und dem Rhythmus seines Kontrasubjekts ist es aber auch dem Hauptthema des I. Satzes verwandt und wahrt damit trotz allem die Werkeinheit. Ein vom Anfang bis zum Schlußakkord, dem nach alter Tradition die Terz fehlt, beeindruckendes Quartett.

(24) Op. 20 Nr. 6 (Hob. III: 36) A-Dur. Die Tempoangabe Allegro di molto e scherzando 6/8 des I. Satzes zeigt an, daß wir nun heitere Töne erwarten dürfen. Zu diesen gehören außer dem Hauptthema einige Stellen in einem Rhythmus aus zwei statt drei Achteln. Kurz vor dem Doppelstrich erklingt ein tänzerisch-liedhaftes Seitenthema, ein Zwilling des entsprechenden Themas in Op. 9, A-Dur. Allerdings fehlen auch emotionale Wendungen und strenge Sequenzen nicht. Unter den letzteren findet sich eine zweistimmige, deren Sekundvorhalte am Beginn der Schlußfuge wiederkehren. Erstmals vertauscht Haydn in diesem Quartett wie auch in dem C- und D-Dur-Werk die Reihenfolge der Mittelsätze, so daß der langsame Satz vor dem Menuett steht. Das E-Dur-Adagio ¢ folgt als einziges in dieser Serie dem Arientypus mit „veränderter Reprise". Menuett und Trio sind kurz. Beim Trio erinnern die

Besetzung ohne V 2, die schlichte Melodie und der tiefe Klang an die zahlreichen Trios für Baryton (ein gambenartiges Instrument), Va und Vc, wie sie Haydn um diese Zeit in großer Zahl für den Fürsten Nikolaus Esterházy schreiben mußte. Nur die Vorschrift „sopra una corda" (alle Instrumente spielen auf ihrer tiefsten Saite) zeigt höhere Ansprüche an. Trotz der streng gearbeiteten, heiteren Fuge (Allegro C) hat dieses Quartett etwas geringeres Gewicht als die anderen fünf.

(25) Op. 20 Nr. 2 (Hob. III: 32) C-Dur. Unter den drei Quartetten mit Schlußfuge ist dieses das beliebteste. Den I. Satz (Moderato C) eröffnet das von V 2 und Va begleitete Vc mit dem Thema in Tenorlage und zeigt damit seine gleichwertige Rolle und seine volle Beherrschung des hohen Klangregisters. Die unmittelbare Beantwortung durch die V 1, begleitet von V 2 und Va, in der Dominante (G-Dur) ist eine der Fuge entlehnte Technik der barocken Triosonate, die uns bei Haydn sonst nur in seinen frühesten Instrumentalwerken begegnet. Hier wie auch in dem ganz ähnlich gestalteten Anfang des Es-Dur-Werks bedeutet sie vielleicht einen apologetisch gemeinten Rückgriff auf ein altangesehenes Stilmittel. Noch mehr erinnert an die Fugentechnik die anschließende Wiederholung des Themas in der Tonika, jetzt von der V 2 mit Begleitung von V 1 und Va vorgetragen. In der Durchführung hören wir in d-moll die vierte Instrumentierung: Es führt in hoher Lage die Va, begleitet von V 1 und 2. Daneben gibt es rein klanglich bestimmte Partien. Ein wahrer Klangrausch begrüßt uns zu Beginn der Durchführung, wo Vc und V 1 mit Hilfe eines weiträumigen Motivs miteinander dialogisieren, während in der Mittellage die V 2 in Sechzehntelnoten taktmäßig wechselnde Akkorde arpeggiert, unterstützt von einem gleichmäßigen Pochen der Va, alles *f*. Das Adagio C, wohl wegen seiner eigenartigen und unvollständigen Form „Capriccio" überschrieben, beginnt wie die Einleitung eines Recitativo accompagnato: mit einem ernsten Unisono in c-moll, dessen geisterhafte Wiederholung durch das Vc mit zitternder Begleitung der Oberstimmen in eine Art Rezitativ übergeht,

dem nach einer erneuten Warnung der Geisterstimme ein die Spannung lösendes, himmlisches Es-Dur-Arioso der V 1 folgt, begleitet von rauschenden Arpeggien der Va und schlichteren Noten der übrigen Instrumente – der Gipfel aller arienhaften Serenadensätze. Aber vor der Abrundung seiner Form löst der Satz sich in einen wieder rezitativischen Abschnitt auf, der in der V 2 zwei unendlich wehmütige Zitate des Arioso-Anfangs in f-moll und Es-Dur bringt. Dann geht das Capriccio mit dem Halbschluß von c-moll in das Allegretto-Menuett in C-Dur über. Zu dessen Thema gehört ein Bordun, der von der V 1 wie im Finale von Op. 17, D-Dur, als Doppelgriff unter der Melodie gespielt und von der V 2 verstärkt wird. Die epilogartige Wiederholung des Themas am Schluß erklingt diesmal in tiefster Lage. Das c-moll-Trio nimmt die geisterhafte Stimmung des Capriccios wieder auf und führt ohne Wiederholung des zweiten Teils mit Halbschluß zum Menuett zurück. So umspannt der Dualismus von Moll und Dur den gesamten Komplex von Capriccio und Menuett. Die Allegro-Fuge in C-Dur ist an kontrapunktischer Perfektion, klanglicher Delikatesse und glänzender Schlußwirkung kaum zu übertreffen. Zu ihren Feinheiten rechnet die Ausnutzung der latenten Möglichkeiten des 6/8-Taktes zu einer rhythmischen Beschleunigung: in Takt 83–87 werden aus vier (eigentlich: 1/2 + 3 + 1/2) 6/8-Takten sechs 4/8-Takte, indem die V 1 in einer Engführung mitten im Takt vom Schema abweicht und ein Motiv aus drei thematischen Halbtonschritten in einer aufsteigenden, sechsgliedrigen Sequenz fortspinnt.

(26) Op. 20 Nr. 3 (Hob. III: 33) g-moll. Zu den charakteristischen Zügen in dem launenhaften Allegro con spirto 2/4 gehört das Widerspiel des aus 7 + 7 Takten bestehenden Themas und unterschiedlicher, nach abrupten Pausen einsetzender Motive. Zu diesen zählt eine mit kleinsten Pausen durchsetzte Figur, die von V 1 „sopra una corda" gespielt wird, dem Portamento-Effekt (einem merkbaren Hineingleiten in den Zielton) zuliebe. Diese kurzatmige Figur wiederholt V 1 mehrfach so, als wenn dem notierten 2/4-Takt ein 3/4-Takt übergestülpt wäre, während vereinzelte Begleitakkorde unregelmäßig ein-

fallen, ähnlich wie in Op. 17, G-Dur. Der erste Teil des Allegretto-Menuetts besteht aus 5 + 5 statt 4 + 4 Takten; in dem überschüssigen Takt bäumt sich die Melodie schmerzlich zu ihrem Spitzenton auf, der beim ersten Mal als F einen Querstand mit dem Fis in der Begleitung bildet; dieses F ist im traditionellen Text hier und in der Reprise zu einem trivialen Es abgemildert worden. Den leeren Quint-Oktav-Klang am Schluß des ersten Teils hat die Tradition zu einem gewöhnlichen d-moll-Dreiklang vervollständigt. Das Es-Dur-Trio, das an das Trio in Op. 17, Es-Dur, anzuknüpfen scheint, endet wieder ohne Wiederholung des zweiten Teils mit Halbschluß von c-moll in G-Dur, um nach einem tiefen Atemholen zu dem jetzt überraschenden g-moll des Menuetts zurückzukehren, das wie beim ersten Mal „perdendosi" (sich verlierend) in G-Dur ausklingt. Wenn das Poco Adagio 3/4 in G-Dur beschwingt und zügig gespielt wird, entsprechend dem singenden Thema, den fließenden Passagen und den schnellen Tonwiederholungen (zum Teil mit Bariolagen), paßt es schön zu den übrigen Sätzen. Das wieder temperamentvoll und mit denselben Anfangsnoten wie das Menuett einsetzende Thema des Finales (Allegro di molto C) wird in durchbrochener Arbeit so vorgetragen, als wenn eine Fuge begänne: V 2 spielt den Themenkopf, das Vc setzt mit einem Kontrapunkt ein, und wenig später folgt V 1 mit einem zweiten Kontrapunkt, der in Wirklichkeit die Fortsetzung des Themenkopfes ist. Es entwickelt sich ein monothematischer Sonatensatz mit vielseitiger, auch hintergründiger motivischer Arbeit. Der ätherische Klang der aus dem ersten Kontrapunkt entwickelten, absteigende Akkordkette von halben Noten in hoher Lage wird in manchem späteren Quartett widerhallen. Der Schluß erfährt wie im Menuett eine Aufhellung nach G-Dur.

(27) Op. 20 Nr. 4 (Hob. III: 34) D-Dur. Mit dem leicht und im Aufstrich geheimnisvoll anklopfenden, aus lauter Perioden von sechs Takten bestehenden Gesangsthema und den ihm plötzlich *f* kontrastierenden Triolen seines I. Satzes, seinem ernsten Variationensatz, den Synkopen seines „Menuet alla Zingarese" und dem hinreißenden Schwung seines Finales

rechnet dieses Quartett zu Haydns beliebtesten überhaupt. Der I. Satz (Allegro di molto 3/4) bringt eine doppelte Scheinreprise: In der Durchführung erklingen nach kurzer Zeit die ersten sechs Takte des Hauptthemas in der Grundtonart, werden aber schnell abgebogen, und die Durchführung setzt sich zu unserer Freude noch lange fort, bevor eine zweite Reprise in tief liegendem G-Dur uns zu täuschen sucht und bald darauf die richtige Reprise einsetzt, bei der wir zuerst zweifeln, ob wir nicht auch wieder in die Irre geführt worden sind, uns aber bald sicher fühlen, weil die Fortsetzung ganz der Exposition entspricht. „Un poco adagio e affettuoso" lautet die Überschrift des ausdrucksvollen Satzes in d-moll mit Variationen über ein liedhaftes, in dem Harmonieverlauf seines zweiten Teils schön gesteigerten 2/4-Takt-Themas aus 8 + 10 Takten und über einem wieder im wesentlichen gleichbleibenden Baß. V 2, Vc und V 1 sind nach und nach an dem Vortrag und der Verzierung des Themas beteiligt. Nach der dritten Variation wird das Thema „sotto voce" wiederholt und geht, wenn der klangliche Gipfel erreicht ist, wie in Träume versinkend in eine Coda über; aber aus dem sanften wird ein unruhiger Traum, mit starken dynamischen und rhythmischen Gegensätzen und einem leisen Quint-Oktav-Schlußakkord ohne Terz. Das Menuet alla Zingarese bringt A. v. Dommer 1865 in seinem *Musikalischen Lexicon* als Beispiel für „imbroglio (Verwirrung)" (s. S. 38, Op. 9, G-Dur): V 1 und Vc stehen eigentlich im 2/4-Takt, beide um ein Viertel gegeneinander versetzt. Im Trio sorgt das Vc mit einer Melodie in durchlaufenden, ungebundenen Achtelnoten für Wiederherstellung der rhythmischen Ordnung. In dem von der V 1 allein begonnenen Finale (Presto e scherzando C) wechseln sprechende Motive – z. B. in V 1 schnell wiederholte Doppelgriffe einer verminderten Quarte Cis-F, wie das wiederholte Klopfen eines Spechts – miteinander ab. Hinzu kommen ungarische Effekte wie der hohe, wie fingerschnippend auf den schwachen Taktteilen immer wiederholte hohe Violinton mit kurzem Vorschlag über quirligen Sechzehntelnoten. Trotzdem hat dieser brillante Satz einen vornehm-ruhigen Ausklang.

(28) Op. 20 Nr. 1 (Hob. III: 31) Es-Dur. An dem I. Satz
(Allegro moderato C) hebt Pohl (II, 293) mit Recht „die
durchsichtige, lichtvolle Gruppierung der Stimmen" hervor:
Bald schweigt V 2, bald V 1, bald pausiert die Va, bald das
Vc; bald spielt das Vc allein, bald die V 1; im Seitensatz duet-
tieren Vc und Va, dann V 1 und Va; nur in gut der Hälfte aller Takte spielen die vier Instrumente gemeinsam und sind
dann meist völlig gleichrangig. Die nahtlose Verknüpfung der
beiden Teile des I. Satzes geht hier so weit, daß am Anfang
der Durchführung fast der Eindruck entsteht, als ob es sich
um den Schluß der Wiederholung des ersten Teils handele und
als ob die schon nach drei Takten einsetzende Scheinreprise
der Beginn einer weiteren Wiederholung sei. Die „richtige"
Scheinreprise erklingt später in As-Dur und die richtige Reprise sieben Takte danach. Dem nochmaligen Vortrag des Themas am Schluß des Un poco allegretto-Menuetts gibt Haydn
eine besondere Wendung, indem er den Vordersatz überraschend in einen verminderten Septakkord münden und darin
verweilen läßt; dann führt ein neuer Nachsatz zur Grundtonart zurück, die ein charmanter Anhang bestätigt. Der in Terzen tonleitermäßig aufsteigende Nachsatz des Menuett-The-
mas spielt im Trio, das großenteils ohne die Va auskommt,
erneut eine Rolle; er erscheint hier in Transposition nach As-
Dur mit Vergrößerung der Notenwerte. Der Teil nach dem
Doppelstrich bleibt unvollständig und wird nicht wiederholt;
statt dessen erklingt in f-moll eine falsche Reprise des Menu-
ett-Themas, das nach dem Vordersatz auf einem Dominant-
septakkord in C-Dur (E-G-B-C) abbricht. Dann folgt unver-
mittelt das Es-Dur des wiederholten Menuetts. Der III. Satz
(Affettuoso e sostenuto 3/8) in As-Dur gehört zu den ergrei-
fendsten, die Haydn geschrieben hat, obwohl er, äußerlich betrachtet, recht einfach erscheint: In mittlerer und meist enger
Lage, „mezza voce", fließen alle Stimmen melodisch gleichbe-
rechtigt in gebundenen Achtelnoten pausenlos dahin. Im Finale (Presto 2/4) steht dem gebundenen Hauptthema aus 3+3
Takten ein daraus durch Umkehrung gewonnenes, staccato
gespieltes Seitenthema aus 2+2 Takten gegenüber. Außerdem

spielt ein synkopischer Gedanke mit regelmäßigen Akkord-
schlägen auf der Zwei des Taktes eine große Rolle. Die beiden
verhaltenen Schlußakkorde greifen den Schluß des I. Satzes
wieder auf.

4. Die Quartette der „ganz neu besonderen Art", ein Einzelwerk und eine Bearbeitung

a) Vierte Serie: Die sechs Quartette Op. 33 (die Russischen) (1781)

Die „russischen" Quartette heißen so nach einem Vermerk in der ersten Wiener Gesamtausgabe der Haydn-Quartette: „Dédiés au gran Duc de Russie". Gemeint war Zar Paul I., der 1781 als Großfürst Wien bereiste, mit seiner Gemahlin, einer geborenen Prinzessin von Württemberg, die am Weihnachtstag 1781 ein Privatkonzert veranstaltete, in welchem ein Quartett Haydns erklang, vermutlich eines aus dem zu diesem Zeitpunkt ganz neuen Op. 33. Der Beiname „Jungfernquartette" leitet sich von dem Titelbild der Ausgabe von J. J. Hummel ab. Sinnvoller ist der Beiname „Gli scherzi" (die Scherzos), denn die Menuette heißen in diesem Opus „Scherzo", und der Trio-Teil ist unbezeichnet, trägt nicht die Überschrift „Trio" (die in der Eulenburg-Taschenpartitur z. B. beim Es-Dur-Quartett trotzdem steht und ebenso wie die Überschrift „Scherzando" statt „Scherzo" z. B. beim h-moll-Quartett falsch ist). Trotzdem haben diese Scherzos die Form von Menuett und Trio wie in den vorangegangenen Quartetten und sind in ihrem Inhalt von diesen nicht grundsätzlich verschieden, außer daß sie nun samt und sonders schnelle Tempi haben, von Allegretto bis Allegro di molto. Vier von ihnen stehen nach alter Art als II., zwei als III. Satz, wie Haydn es in drei Werken von Op. 20 eingeführt hatte.

Wegen des Zeitpunkts der 1782 erschienenen Originalausgabe kam es zu einer Verstimmung. Am 18. Oktober 1781 berichtete Haydn seinem Verleger Artaria über „die dermahlige Bearbeitung 6 neuer Quartetten so in 3 Wochen fertig seyn werden"; „und sind davon 4 schon fertig". (Der sonst so verdienstvolle Anthony van Hoboken hat in die Chronologie Verwirrung gebracht, als er in seinem Haydn-Werkkatalog angebliche Briefe des Grafen Morzin, wonach Haydn mit der Komposition bereits 1778 begonnen hätte, zitierte, ohne zu ahnen, daß diese Briefe Fälschungen sind.) Nach Fertigstellung der Quartette gab Haydn sie im November oder Dezember 1781 zum Verlag. Anders als bei seinen früheren Quartetten konnte er dies ohne weiteres tun, da sein 1779 erneuerter Anstellungsvertrag als Kapellmeister des Fürsten Esterházy die Klausel, daß er nur für den Fürsten komponieren dürfe, nicht mehr enthielt. Haydn konnte unter dem damaligen Urheberrecht nur von der ersten Auflage ein Honorar erwarten; spätere Auflagen und Nachdrucke brachten ihm keinen Gewinn. Daher bot er vor dem Druck, ähnlich wie dies noch Beethoven Jahrzehnte später mit seiner *Missa solemnis* tat, hochmögenden Musikliebhabern wie dem Fürsten von Oettingen-Wallerstein und dem Abt von Salem Abschriften um 6 Dukaten zum Kauf an und bat auch Johann Caspar Lavater um Vermittlung, da „in Zürch [und] Winterthur viele Herrn Liebhaber und große Kenner und Gönner der Tonkunst sind". Er war sehr verärgert, als Artaria den Druck ankündigte, bevor alle Besteller mit Abschriften bedient waren. Von den Stimmenabschriften, die er verbreiten konnte, hat sich eine im Musikarchiv des Stifts Melk erhalten. Von der Vc-Stimme einer zweiten Abschrift des gleichen Kopisten gibt es einen kleinen Ausschnitt des Titelblatts; darauf steht von Haydns Hand: „Sei quartetti, di me giuseppe Haydn ppria [manu propria]" und darunter: „Prego umilmente d'osservare il piano, e forte" (ich bitte ergebenst das Piano und Forte zu beachten).[1] Der Ausschnitt bestätigt ebenso wie die nicht ganz vollständige Melker Abschrift die unten angegebene Reihenfolge, die der Originalausgabe entspricht.

Aus Haydns Werbebrief vom 3. Dezember 1781 sind weitreichende musikgeschichtliche Folgerungen gezogen worden. Darum sei der entscheidende Satz hier im Wortlaut des Briefes, den er nach Salem schickte, mitgeteilt:[2] „Euer Hochwürden und Gnaden, als Hohen Gönner und Kenner der Ton Kunst, nehme die freyheit, meine gantz neu verfertigte à qua-

---

[1] Faksimile in The Musical Times, CXXIII/1669 (March 1982), 169.
[2] Haydn-Studien, I (München 1966), 114–116.

dro à 2. violin, viola, et violoncello concertante, auf praenumeration für 6. Ducaten correct geschriebener, unterthänig anzuerbieten: sie sind auf eine gantz neu Besondere Art, denn zeit 10 Jahren habe keine geschrieben." Mit ähnlichen Worten bot Beethoven 1802 seine Variationen Op. 34 und 35 Breitkopf & Härtel an: „Ich habe zwei Werke Variationen gemacht [...] Beide sind auf eine wirklich ganz neue Manier bearbeitet, jedes auf eine andre verschiedene Art". Haydns „ganz neu besondere Art" glaubten Sandberger und andere nach ihm in der Kompositionstechnik der thematischen Arbeit (s. S. 23) zu erkennen. Der Mozart-Biograph Otto Jahn (1859, S. 81) bemerkte über das Streichquartett ganz allgemein, daß es darauf abziele, „die Elemente der homophonen Schreibart, welche auf freie Führung schöner und ausdrucksvoller Melodie gerichtet ist, und des in strengen und festen Formen arbeitenden polyphonen Stils zu einer neuen, geistig freien und lebendigen Schöpfung mit einander zu verschmelzen." Dementsprechend definierte Sandberger: „Das Kind aus der Ehe des Kontrapunkts mit der Freiheit ist die thematische Arbeit", und sah dieses Ideal in Op. 33 verwirklicht; in den vorangegangenen Quartetten seien nur Vorboten davon zu finden. Alfred Einstein nennt die „Thematische Arbeit", die Verschmelzung von „Galant" und „Gelehrt", „den großen Fund seines Lebens", den Haydn in Op. 33 gemacht habe.[3] Friedrich Blume differenziert das Bild. Für ihn ist Haydn in den Quartetten Op. 33 mit ihrem Ausgleich zwischen dem „Entwicklungsgedanken" und „geschlossenen Themengruppen" zur „klassischen Reife" gelangt. Sondheimer sieht das Neue in Op. 33 ganz ähnlich in der Verbindung von „dialektischer Behandlung" und leicht erfaßbarem melodischem Material, Ludwig Finscher in der Verbindung der thematischen Arbeit mit der „Rückkehr zum Einfachen und zum Volkstümlichen". Tovey hebt die Quartette Op. 33 nicht besonders hervor. In der Tat haben wir thematische Arbeit und Entwicklung von Motiven, wie sie sich in einigen Sätzen von Op. 33 besonders bemerkbar machen, in

[3] Nationale und universale Musik (Zürich 1958), 73 f.

Haydns früheren Quartetten nicht nur in „Vorboten", sondern als wesentlichen Teil seiner Kompositionstechnik bemerken können. Andererseits tritt die populäre und humoristische Seite von Haydns Kompositionsstil in Op. 33 deutlich zu Tage. „Groß" sind diese Quartette nicht, wenigstens nicht im äußeren Sinne: Gemessen an der Anzahl der Takte und Partiturseiten haben sie einen geringeren Umfang als die Quartette von Op. 20 und allen späteren Serien.

Die Quartette Op. 33 waren, nach der Zahl der Abschriften und Drucke zu urteilen, unter Kennern ein fast so großer Erfolg wie Op. 20, und erstmals gab es ein unmittelbares Presseecho: Der Komponist und Musikschriftsteller Johann Friedrich Reichardt rühmte 1782 an ihnen, sie seien „voll von der originellsten Laune, des lebhaftesten angenehmsten Witzes".[4] Im *Hamburgischen Correspondenten* heißt es am 17. August 1782: „Haydn ist ein unerschöpfliches Genie [...] Diese gegenwärtigen Quatuors sind über alle Lobsprüche erhaben. Man findet in selbigen herrlichen Gesang, treffliche Harmonie, unvermuthete und überraschende Ausweichungen und eine Menge neuer noch nie gehörter Gedanken."[5] Der von Haydn so geachtete C. Ph. E. Bach in Hamburg soll über Op. 33 „seine äußerste Zufriedenheit bezeugt" haben.[6] Bei den Liebhabern außerhalb der Sphäre des Streichquartetts war diese Serie beliebter als die früheren. Das zeigen die vielen Arrangements einzelner Quartette oder Sätze für verschiedene Besetzungen. Der Grund dafür lag sicherlich in Haydns Abwendung vom „Sturm und Drang" und in dem Reichtum an gefälligen Melodien.

(29) Op. 33 Nr. 5 (Hob. III: 41) G-Dur. Die pianissimo gespielte kleine Einleitung zum I. Satz (Vivace assai 2/4) besteht aus einem Schlußmotiv, das in seiner eigentlichen Funktion am Ende des Themas erklingt. An der Nahtstelle zwischen Durchführung und Reprise erscheint es in in doppelter Funk-

[4] Pohl, II, 295.
[5] Finscher (1974), 268.
[6] Magazin der Musik, hrsg. von Carl Friedrich Kramer, I (Hamburg 1783), 260.

tion: Es schließt das Hin- und Herwerfen der Motive nach einer erwartungsvollen Generalpause ab und eröffnet gleichzeitig die Reprise. Eine neue Funktion erlangt es an deren Ende: Wenn sich der Sturm einer trugschlußartig hereinbrechenden Es-Dur-Episode gelegt hat und die vier Stimmen p von der Höhe herabschweben, spielen Va und Vc es abwechselnd als Unterstimme. In den Schlußtakten zeigt es sich endlich als reine Kadenzformel. Das Largo e cantabile ¢ in g-moll ist eine Variante des alten Serenadentyps, mitsamt rauschender Begleitung und ausgeschriebener Kadenz, aber eine Persiflage. Wie anders soll man das drollige Zwischen- und Nachspiel und das vereinzelte Pizzicato aller Instrumente auf dem Schlußton deuten? Das Allegro-Scherzo hat viel von einem Zwiefachen, einem Bauerntanz, der gerade und ungerade Takte vermischt. Das gemütliche Finale (Allegretto 6/8) besteht aus Variationen über ein tanzartiges Thema von 8 + 8 Takten. Die Variationen sind weder als solche bezeichnet noch numeriert. Auch in künftigen Quartetten geschieht das nicht mehr, mit Ausnahme des „Kaiserquartetts". Aber die Form ist noch gewahrt und weitgehend auch der gleichbleibende Baß. In die vergnügliche Presto-Coda bringt die erhöhte vierte Stufe (Cis statt C) eine folkloristische Note.

(30) Op. 33 Nr. 2 (Hob. III: 38) Es-Dur. Der I. Satz (Allegro moderato C) bestreitet viel von seiner Entwicklung mit den zwei Sechzehntelnoten im Auftakt des schönen Cantabile-Themas. Zwei Scheinreprisen in As-Dur und Es-Dur, denen noch ein Themaeinsatz in c-moll folgt, verleihen dem Satz Rondozüge. Dem mit einem derben Bauerntanz beginnenden und endenden Allegro-Scherzo folgt im Trio-Teil eine von der V 1 mit viel Portamento und Glissando zu spielende Ländler-Melodie; sie gehört zu den bezauberndsten, die Haydn geschrieben hat (siehe ihren Anfang in dem Notenbeispiel auf S. 71). Das Largo e sostenuto 3/4 beruht auf einer achttaktigen, religiös gefärbten B-Dur-Weise, die fünfmal (beim fünften Mal verkürzt) von wechselnden Instrumenten zweistimmig vorgetragen und vom zweiten Mal an mit wechselnden Instrumenten immer vollstimmiger begleitet wird. Dazu kontra-

stieren in Zwischensätzen schroffe Tutti-Akkorde und ein mit Akkorden in Synkopen beginnendes zweites Thema. Das Thema des Finalrondos (Presto 6/8) besteht aus einem dreimal verschieden gestalteten auftaktigen Motiv von zwei Takten und einem volltaktigen Schlußmotiv von ebenfalls zwei Takten:

Das dritte Glied endet nicht wieder mit einer Pause, auf die der nächste Auftakt folgen würde, sondern füllt sie aus und geht in das volltaktige Schlußmotiv über, das die Pause nach der ersten Note bringt. In der Coda führt Haydn den gleichförmigen Leerlauf, den er im Thema vermieden hatte, in komischer Übertreibung vor: Statt Achtelpausen stehen Generalpausen, und der Wechsel zum Volltakt bleibt aus; statt dessen kommt das auftaktige Motiv zum vierten Mal:

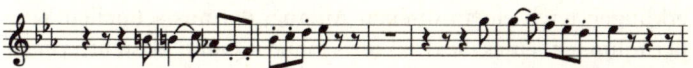

Um den Leerlauf auf die Spitze zu treiben, wiederholt Haydn schließlich noch einmal *pp* den ersten Vortrag dieses Motivs. Danach kommt nichts mehr. Ein offener Schluß.

(31) Op. 33 Nr. 1 (Hob. III: 37) h-moll. Das h-moll-Quartett beginnt in D-Dur, so steht es in allen Analysen des Werkes bis 1974, als in der Haydn-Gesamtausgabe die originale Lesart erschien, in manchen auch Jahre später noch. Die D-Dur-Sextakkorde des traditionellen Textes gehen auf J. J. Hummels Ausgabe zurück. Hummel hatte gemeint, den ambivalent zweistimmigen Anfang, der sich weder auf h-moll noch auf D-Dur festlegt, verdeutlichen zu müssen. In der Reprise wiederholt Haydn die tonale Doppeldeutigkeit des Anfangs selbstverständlich nicht; vielmehr begleitet er das Thema jetzt zweistimmig und beginnt mit Fis/Ais, so daß unerwartet ein

übermäßiger Dreiklang Fis-Ais-D erklingt. Hummel, in seiner Voreingenommenheit konsequent, ändert Ais zu A und bringt damit wie am Anfang D-Dur. Das h-moll-Scherzo (Allegro di molto) führt in seinem Trio-Teil zu einer Aufhellung nach H-Dur. Das D-Dur-Andante 6/8 besticht durch schöne Abwechslung von V 1 und Vc im Vortrag des akkordzerlegenden Hauptthemas und des chromatischen Seitenthemas, das mit einem ständig wiederholten Sekundzweiklang in Achtelnoten begleitet wird. Im Finale (Presto 2/4) wird das Hauptthema von 7 + 5 Takten von der V 1 mit ungarischem Temperament auf der G-Saite vorgetragen und nicht nur am Anfang der Reprise, sondern rondohaft auch an deren Schluß wiederholt. Es ist das einzige asymmetrische Finalthema in dieser Serie; alle anderen bestehen aus 4 + 4 Takten.

(32) Op. 33 Nr. 3 (Hob. III: 39) C-Dur. Die Musiker haben das beliebteste Werk dieser Serie wegen der vielen zwitschernde Vorschläge im I. Satz, der trillernden Figuren im Trio-Teil und der schnellen Kuckucksrufe und Doppelschläge im letzten Satz „Vogelquartett" genannt. Im I. Satz (Allegro moderato ¢) gehören die Zwitschertöne zur thematischen Substanz und erklingen nach einem offenen Anfang, der aus schnellen Wiederholungen eines Sextakkords ohne Quinte besteht, zuerst im dritten und vierten Takt. Die vom klopfenden Rhythmus der Achtelnoten bestimmten Anfangstakte werden im Verlauf des Satzes immer wieder auf andere Tonstufen transponiert, anders harmonisiert und abgewandelt. Neben der motivischen Arbeit trägt im ganzen Satz die vom Vier- und Achttaktschema meist abweichende Phrasierung zu dem Gefühl ständiger Bewegung und Entwicklung bei. Aber trotz aller Kunst kommt auch das Gemüt nicht zu kurz, denn im Lauf des Seitensatzes formt Haydn, von dem Grundmotiv mit seinen kurzen Vorschlagsnoten ausgehend, ein „semplice" und stakkatiert vorzutragendes Liedchen. Das homogen vierstimmige Scherzo (Allegretto) summt durchweg „sotto voce" und legato in tiefster Lage aller Instrumente eine verhaltene Melodie. In dem kontrastierenden Trio-Teil trällert das Duett der beiden Violinen in hoher Lage und staccato wieder etwas Lusti-

ges. Das schöne Adagio ma non troppo 3/4 in F-Dur weist nach Art mancher Sätze aus Op. 9, 17 und 20 eine „veränderte Reprise" auf, hat aber ein obligates Akkompagnement und eine Art Sonatenform, mit eher lied- als arienmäßigem Hauptthema und motivischem Seitenthema. Das mitreißende Finale (Presto 2/4), als einziges in dieser Serie und in Haydns Quartettschaffen ausdrücklich als „Rondo" bezeichnet, beginnt mit einem Staccato-Thema, das auf einem „Kolo" (serbokroatisch für „Rad"), einem Tanzlied aus Dalmatien und Bosnien, beruht:[7]

Die hohe Lage des Vc und die bewußt enge Lage aller Stimmen, mit Doppelgriffen in V 2 und Va, verursacht in den *f* (nicht *p* wie im traditionellen Text) zu spielenden Anfangstakten Quartsextakkorde statt der Grundakkorde, was die folkloristische Note verstärkt. Das kontrastierende Legatothema in a-Moll ist ungarisch angehaucht. Trotz der Rondoform verzichtet Haydn anschließend nicht auf analytische Durchführung des ersten Themas. Nach einem *p* abbrechendem Halbschluß und einer Generalpause kehrt das erste The-

---

[7] Heinrich Reimann: Musikalische Rückblicke (Berlin 1900), 86; Frantisek S. Kuhac: Josip Haydn i hrvatske narodne popievke (Joseph Haydn und die kroatischen Volkslieder), in: Vienac, XII (Zagreb 1880), 403, in C-Dur notiert.

ma zurück, diesmal mit dem Vc in normaler Lage und *pp*; erst vier Takte später hören wir das ersehnte *f*. Danach kommt das Legatothema in c-moll wieder, diesmal ohne vorherige Zäsur und mit frappanter Wirkung. Erneut schließt sich eine Durchführung des Hauptthemas an, die *pp* und ebenfalls ohne Zäsur in die zweite Wiederkehr des Hauptthemas überleitet, das womöglich noch leiser als bei seiner ersten Wiederkehr gespielt wird. Dafür bricht es aber nicht erst nach vier Takten, sondern schon nach zwei Takten ins *f* aus, ein feiner Zug, der in der Überlieferung, die stets nach Nivellierung strebt, verloren gegangen ist, trotz Haydns frühzeitiger Mahnung auf dem oben erwähnten Manuskript-Fragment. Der Satz schließt mit einer elfenhaften Coda, die sich *pp* plötzlich in einen leeren Quintklang auflöst, den der traditionelle Text zu einem konventionellen C-Dur-Dreiklang vervollständigt hat.

(33) Op. 33 Nr. 6 (Hob. III: 42) D-Dur. Weniger effektvoll, jedoch ebenso einheitlich wie das C-Dur-Quartett. Eine bukolische Stimmung herrscht trotz des Tempos Vivace assai schon im I. Satz mit seinem fast ständig vorherrschenden 6/8-Rhythmus, erst recht in dem d-moll-Andante ¢, das in zarten Harmonien dahinschwebt und in D-Dur „mancando" verebbt, in gewisser Weise auch in dem Allegretto-Scherzo. Das Finale mit seinem gemäßigten Tempo (Allegretto 2/4) bringt das erste Beispiel von Doppelvariationen in Haydns Quartetten: Abwechselnd wird ein Dur- und ein Mollthema variiert. Diese Form hatte Haydn nach C. Ph. E. Bachschem Vorbild in der Klaviersonate entwickelt und dann auf die Sinfonie (Nr. 53 „L'imperiale", Nr. 63 „Roxolane", Nr. 70) übertragen.[8] Hier bekommt der Satz etwas Rondoartiges dadurch, daß die variierten Wiederholungen bei den Dur-Variationen ausgeschrieben sind und der jeweils erste Vortrag die unveränderte Fassung des Themas bringt.

(34) Op. 33 Nr. 4 (Hob. III: 40) B-Dur. Weniger geschätzt als die anderen Werke dieser Serie. Am bemerkenswertesten ist das Final-Rondo (Presto 2/4) mit variiertem Refrain und

---

[8] Elaine Sisman in: Acta musicologica, LXII/ (1990), 152–182.

zwei verschiedenen Episoden, von denen die leidenschaftliche zweite in g-moll ungarisch gefärbt ist. Der Schlußrefrain verzerrt das tanzartig hüpfende Thema durch groteske Sprünge und endet mit dem Scherz, ins Stocken zu geraten und abzubrechen; als „Ausweg" dient der Pizzicato-Vortrag des auf seine einfachste Substanz reduzierten Themas mit zwei eilig sich empfehlenden Schlußakkorden.

b) Das Quartett Op. 42 (1785)

(35) (Hob. III: 43) d-moll. Das einzeln 1786 erschienene Quartett paßt zu keiner Serie. Pohl, der das Entstehungsdatum 1785 auf der autographen Partitur in der Staatsbibliothek zu Berlin noch nicht kannte, ordnete es, einer älteren französischen Gesamtausgabe der Haydn-Quartette folgend, wegen seiner Kürze und spieltechnischen Einfachheit zwischen „Op. 3" und Op. 9 ein. Dagegen betonen andere Kommentatoren mit Recht die reife Formgestaltung. Haydn schrieb am 5. April 1784 an Artaria: „Jene Quartetten so ich dermahlen in der Arbeith habe, und die Helffte fertig, sind ganz klein, und nur mit 3 Stück [= drei Sätzen], sie gehören nach Spanien." Falls Op. 42 zu den sonst verschollenen spanischen Quartetten gehört, dann hat Haydn es 1785 nicht völlig neu komponiert, sondern bearbeitet und auf vier Sätze erweitert. Der I. Satz ist ein fein gestaltetes Andante e innocentemente 2/4, der II. ein meisterhaftes D-Dur-Menuett mit d-moll-Trio. Die beiden letzten Sätze haben eine gewisse Ähnlichkeit mit den vielstimmigen Konzerten und Notturni von 1786–1790 für den König Ferdinand von Neapel: das liebliche Adagio e cantabile ¢ ähnelt stellenweise der Romanze aus dem Leierkonzert Hob. VIIh: 3, die später in die „Militärsinfonie" wanderte, und das Thema des teilweise kontrapunktisch gearbeiteten Presto 2/4 dem Leiernotturno Hob. II: 31; herrlich sind hier die fugenartigen Themeneinsätze auf immer neuen Tonstufen.

c) Die Quartettfassung der *Sieben Worte* Op. 51 (1787)

(35a) Musica Instrumentale sopra le sette ultime Parole del nostro Redentore in Croce (Die Sieben letzten Worte unseres Erlösers am Kreuze) (Hob. III: 50–56). Die im Juli 1787 erschienenen Sieben Worte sind in ihrer Fassung für Streichquartett bekannter als in ihrer Originalfassung für Orchester. Haydn erhielt den Auftrag zur Komposition einer instrumentalen Passionsmusik aus Spanien; sie war für eine Kirche in Cadiz bestimmt. Satz für Satz sollte mit der Verlesung und Betrachtung der Sieben Worte Jesu am Kreuz durch den Priester abwechseln. Demgemäß besteht das Werk aus einer Introduktion und sieben „Sonata" genannten Sätzen. Dem Thema jeder Sonate ist in der V 1 das Wort Jesu in lateinischer Sprache so unterlegt, als wenn es gesungen würde. Den Schluß macht ein „Terremoto", das Erdbeben nach Jesu Tod. Die Quartettfassung entstand so, daß Haydn die vier Streicherstimmen des Orchesterwerks ohne die ursprünglichen Bläserstimmen, die zwar den Klang und das Kolorit bereichern, aber wenig zur Substanz beitragen, mit den allernotwendigsten Änderungen drucken ließ. Am 11. Februar 1787 kündigte er dem Verleger Artaria die baldige Fertigstellung an, und am 14. sandte er ihm alle vier abgeänderten Stimmen. 1796 erweiterte Haydn die Orchestrierung, fügte einen Chor und solistische Singstimmen hinzu und schuf so ein in den ersten Jahren erfolgreiches Passionsoratorium.

Wie Haydn in dem Vorwort zu diesem schreibt, war die Aufgabe, sieben bzw. mit der Introduktion acht langsame Sätze hintereinander zu schreiben, „keine von den leichtesten". Haydn hat sie glänzend gelöst. Jeder Adagio-, Grave-, Largo- oder Lento-Satz hat seinen eigenen Charakter und das Ganze eine innere Spannung, die sich in dem Terremoto (Presto e con tutta la forza 3/4) löst. Eine große Rolle spielt die Harmonik. In der Introduktion hören wir die *fz* betonte Dissonanz eines verminderten Septakkords Es-Fis-A-C über einem Orgelpunkt G, und zu Beginn des Mittelteils das Aufeinandertreffen von F-Dur und Des-Dur. In der I. Sonate gibt es eine durch ihre chromatischen Gänge und einen Quartvorhalt rührende Modulation, die im Crescendo von F-Dur nach Des-Dur geht und in der Reprise durch eine Kette von Quartvorhalten mächtig gesteigert wird. Ein Modell für die Zukunft wurde die II. Sonate, „Hodie mecum eris in Paradiso" (Heute wirst du bei mir im Paradiese sein), die trotz der Überschrift in wohlüberlegtem c-moll beginnt: Die aus dem Hauptthema entwickelte Melodie des Seitenthemas erscheint in der Exposition der Norm entsprechend in dem milden Leuchten der Tonikaparallele Es-Dur. Die Durchführung beginnt mit einer Wiederholung des Hauptthemas in düsterem f-moll. Wenn dann in der Reprise das Seitenthema nicht in der Tonika c-moll, sondern in der Tonika-Variante C-Dur erscheint, strahlt der Glanz des „Paradieses" nur um so heller. In der III. Sonate fesselt am Schluß der Exposition die zweifache, mit einem Auf- und Absteigen des Vc verbundene Abwechslung des H-Dur-Dreiklangs und des übermäßigen Terzquintsext-Akkords (C-E-G-Ais). In der IV. Sonate leitet, wieder im Crescendo, eine Modulation von As-Dur nach Ges-Dur und gleichzeitig von der Exposition zum Mittelteil hinüber. Die V. Sonate enthält in ihrer Reprise als Steigerung einer Kadenz in der Exposition eine der farbigsten harmonischen Ausweichungen, die Haydn bis dahin geschrieben hat, in schematischer Darstellung:

Die VI. Sonate baut ähnlich wie die zweite auf dem Kontrast von Moll und Dur auf. Die VII. Sonate enthält eine Ausweichung, die von Es-Dur über Ces-Dur und Des-Dur nach B-Dur führt und mit Ketten von Sekunddissonanzen verbunden ist. Der schnelle Schlußsatz lebt dagegen von der Rhythmik und ist eine Paradebeispiel für Haydns souveräne Phrasierung.

5. Fünfte Serie: Die sechs Quartette Op. 50
(die Preußischen) (1787)

Die Serie Op. 50 ist dem 1786 zum preußischen König gekrönten Friedrich Wilhelm II. gewidmet, der selber Violoncello spielte. Haydn hat sie jedoch, anders als Mozart seine drei letzten Quartette, nicht eigens für ihn komponiert, mindestens Nr. 1–3 nicht, und auch in den übrigen das Cello nicht auffällig behandelt. Der Grund für die Widmung war folgender: Haydn hatte dem König sechs Sinfonien geschickt, vermutlich die Pariser Sinfonien, und mit Brief des Königs vom 21. April 1787 zum Dank einen schönen Ring erhalten. Dafür wollte er sich mit der Widmung der „neuen Quartetten", von denen er zuerst am 27. Februar 1787 in einem Brief an Artaria sprach, erkenntlich zeigen. Ein Quartett hatte er dem Verleger bereits am 11. und 14. Februar 1787 angekündigt, aber Opernproben, die er in Eszterháza zu leiten hatte, hielten ihn auf. Am 7. März 1787 sandte er Artaria den I. Satz von Nr. 3. Die Ablieferung von Nr. 4–6 verzögerte sich. Erst am 12. Juli schickte er das sechste Quartett und erklärte: „Aus Mangl der Zeit habe ich das 5te noch nicht setzen können, unterdessen aber ist dasselbe schon componirt", d. h. es war in Skizzen und Konzepten fertig, nur noch nicht ins Reine geschrieben. Am 16. September 1787 schickte er dann auch Nr. 5 und bemerkte dazu: „nun gottlob, ich bin sehr froh, daß ich einmahl damit fertig geworden." Am 7. Oktober avisierte er die sich noch bis zum 22. November hinziehende Rücksendung der Korrekturbögen. Inzwischen verkaufte er anscheinend wie bei Op. 33 Abschriften für 6 Dukaten auf Pränumeration.[1] Die Ausgabe von Artaria erschien im Dezember 1787. Etwa einen Monat früher erschien die Londoner Erstausgabe von William Forster, dem Haydn, da es noch kein für alle Länder geltendes Verlagsrecht gab, ebenfalls eine

---

[1] Lt. Brief Carl v. Dittersdorfs in: Collectanea Mozartiana (Tutzing 1988), 47.

Manuskriptvorlage geliefert hatte, nämlich eine Stimmenab-
schrift, die in der Britischen Bibliothek in London noch erhalten ist.

Die Originalpartitur Haydns galt bis 1982 als verschollen.
Dann kam sie von Nr. 3–6 in Melbourne in Australien zum
Vorschein. Der Verfasser dieses Büchleins wurde bei seinem
Besuch an der Universität in Adelaide von einem Journalisten
auf die Existenz des Manuskripts aufmerksam gemacht und
konnte zwei Wochen später, nachdem er die Besitzer getrof-
fen, aufgesucht und das Manuskript untersucht und photo-
kopiert hatte, eine halbe Stunde vor seinem Rückflug in einem
dem australischen Fernsehen gegebenen Interview die Echtheit
des Manuskripts bezeugen. Ebenso wie die Abschrift für Forster bestätigt es in seinen Nummern die Reihenfolge von
Artaria. Nr. 3, 4 und 6 tragen außerdem eine Datierung: 1787.
Habent sua fata libelli. 1995 wurde das Autograph in London
versteigert und befindet sich seitdem wieder in anonymem
Privatbesitz.

Die Quartette Op. 50 sind großartiger als die Quartette
Op. 33. Schon vom Umfang her übertreffen sie die vorige Serie und ähneln dadurch Op. 20. Allerdings rechnen sie nicht zu
den populärsten, abgesehen von dem „Froschquartett". Das
liegt wohl zum Teil daran, daß Haydn sich in vielen Sätzen
mit ihrer bewußten Ökonomie des Materials auf eine Domäne
zurückzog, auf der er unbestritten führend war. Vielleicht tat
er dies im Kontrast zu Mozart, der zu ihm wenige Jahre vorher in engere musikalische Beziehungen getreten war, die
hauptsächlich das Quartett betrafen. Der aus Mozarts Biographie bekannte irische Sänger Michael Kelly berichtet in
seinen Lebenserinnerungen von einem gemeinsamen Quartett-
spielen beider Meister (Haydn: V 1, Mozart: Va) zusammen
mit den Komponisten Carl Ditters von Dittersdorf (V 2) und
Johann Baptist Vanhal (Vc) bei dem Sänger Stephen Storace,
in Anwesenheit des Opernkomponisten Giovanni Paisiello.
Wenn diese Anekdote in allen Einzelheiten stimmt, kann das
Ereignis wohl nur stattgefunden haben zwischen dem 1. Mai
1784, als Paisiello, von St. Petersburg kommend, in Wien ein-

traf, um dort eine Oper zu komponieren und aufzuführen, und dem November des gleichen Jahres, als er nach Neapel zurückkehrte. Mozart widmete Haydn 1785 seine sechs großen Quartette KV 387, 421, 428, 458, 464, 465, in deren italienischer Vorrede er am 1. September 1785 schreibt, daß sie die Frucht einer langen Mühe und Arbeit seien. Zweifellos hatte er das Äußerste getan, um Haydn zu erreichen, wenn nicht zu übertreffen, und Haydn war von dem Ergebnis nach privaten Aufführungen, die vor der Veröffentlichung stattfanden, aufs tiefste beeindruckt. Am 15. Januar 1785 hörte er alle sechs und am 12. Februar 1785 nochmals drei der Quartette (KV 458, 464, 465). Mozart nimmt in seiner Vorrede darauf Bezug: „Du selbst, liebster Freund, hast mir bei Deinem letzten Aufenthalt in dieser Hauptstadt Deine Zufriedenheit damit [mit diesen Quartetten] bezeigt." Leopold Mozart, der bei der zweiten Aufführung anwesend war, schrieb seiner Tochter, Haydn habe sich folgendermaßen ausgesprochen: „Ich sage Ihnen vor Gott, als ein ehrlicher Mann, Ihr Sohn ist der größte Componist, den ich von Person und dem Nahmen nach kenne; er hat Geschmack, und über das die größte Compositionswissenschaft".[2] Die Quartette Op. 50 waren Haydns Antwort auf Mozarts „Haydn"-Quartette. Am meisten beeindrucken als Ganzes die Quartette in B-Dur, fis-moll und D-Dur.

(36) Op. 50 Nr. 1 (Hob. III: 44) B-Dur. Der I. Satz (Allegro ¢) beginnt mit einsamen Tonwiederholungen im Vc. Nach zwei Takten setzen über diesem Quasi-Orgelpunkt die anderen Stimmen ein, dissonant, mit einer epilogartigen Schlußfloskel, die in dieser Funktion am Schluß des Satzes auch gebraucht wird, am Anfang hingegen die Erwartung auf ein „richtiges" Thema weckt, das freilich nicht kommt. Statt dessen erscheinen Spielfiguren in Achteltriolen. Nach Vollendung einer Periode von zwölf Takten beginnt die Sache von vorne und setzt sich anders fort, nämlich mit einem Dialog, in wel-

---

[2] Leopold Mozart in seinem Brief an Nannerl aus Wien am 16. Februar 1785.

chem die Instrumente sich die Tonwiederholung und die Epilogfloskel wechselseitig zuwerfen. Als Seitenthema präsentiert sich eine neue Kombination der Tonwiederholung und des Triolenmotivs. Wie ein Zauberkünstler führt uns Haydn vor, wie man aus drei simplen Elementen und ihren Abwandlungen, Transpositionen und Kombinationen einen großen und beglückenden Sonatensatz bauen kann. Nur zwei winzige Freiheiten erlaubt er sich: eine kleine lyrische Überleitung und eine kleine melodische Kadenz. Der II. Satz (Adagio 6/8) in Es-Dur entschädigt uns für die Themenlosigkeit des ersten. Er ist ganz, die Coda ausgenommen, auf eine edle, in drei Variationen nur leicht verziert wiederkehrende, einmal sanft nach Moll gewendete Siziliano-Melodie aus zwei wiederholten Sechstaktgruppen gegründet, die immer wieder anders begleitet werden. Graf Karl Leonhard von Harrach ließ sie auf dem Haydn-Denkmal, das er 1794 in Haydns Geburtsort Rohrau errichtete, einmeißeln, mit kleinen rhythmischen Änderungen, um die Worte unterlegen zu können: „Ein Denkmalstein, für Haydens Ruhm, weiht diesen Platz zum Heiligthum, und Harmonie klagt wehmuthsvoll, das[s] dieses gros[s]en Meisters Hand, die stets Gefühl mit Kunst verband, das[s] diese Hand einst modern soll." Das in dieser Serie erstmals einheitlich an III. Stelle stehende Menuett heißt in allen sechs Werken wieder „Menuet" oder „Menuetto", nicht „Scherzo", aber der Trio-Teil bleibt wie in Op. 33 unbezeichnet. Im B-Dur-Quartett ist als Tempo Poco Allegretto vorgeschrieben. V 1 und Vc, von V 2 und Va begleitet, spielen im ersten Menuett-Teil einen zweistimmigen Satz von acht Takten im doppelten Kontrapunkt und tauschen anschließend ihre Stimmen. Der Trio-Teil beginnt in betont einfacher und bewußt naiver Weise mit einem Thema aus zwei Allerweltsmotiven. Das zweite von ihnen erfährt nach dem Doppelstrich eine kontrapunktische Engführung. Dabei werden einige der Einsätze gegen den Takt verschoben und so akzentuiert, daß wir nach kurzer Zeit die Orientierung verlieren. Dieses Kunststück zusammen mit der raffiniert abgewandelten Reprise erklärt uns humorvoll den Sinn und Zweck der anfänglichen Treuherzigkeit. Im Finale (Vivace 2/4) herrscht ein ebenso bezauberndes wie lustiges Thema mit seinen Umwandlungen und Kontrapunktierungen fast allein. Die Schlußpointe ist eine der allerfeinsten: Die Reprise endet scheinbar, es fehlt nur noch das „Schrumm-Schrumm" der zwei Schlußakkorde, mit denen die Exposition abschloß. Statt dessen „hören" wir eine Generalpause, die uns weismachen will, daß alles vorbei ist. Dann beginnt *p*, mit der Begleitfigur als Auftakt einsetzend, das Thema erneut; es erklingen wieder Schlußwendungen, alle *p* und *pp*, und endlich werden im *f* die beiden Schlußakkorde nachgereicht, in deren letzten das Vc mit einem eiligen Lauf hineinpoltert.

(37) Op. 50 Nr. 2 (Hob. III: 45) C-Dur. Der I. Satz (Vivace 3/4) wird geprägt von dem neuntaktigen Hauptthema und einem deutlich davon unterschiedenen, mozartisch-melodischen Seitenthema von gerader Taktzahl. Das ist das einzige Beispiel für Themendualismus in den Eingangssätzen dieser Serie. Die Durchführung beginnt mit einem freien Fugato, und in der Reprise überrascht uns ein Quintkanon; an beiden Stellen erscheint das Hauptthema sowohl in gerader wie auch in umgekehrter Bewegung. Das Adagio ¢ greift den alten Satztypus der langen, verzierten Melodie mit schlichter Begleitung und sogar einer kurzen „veränderten Reprise" wieder auf, zwar mit schönen Abwandlungen, aber auch mit altertümlichen Fermaten, bei denen die Vortragsanweisung „a suo piacere" dem Primgeiger eine freie Verzierung empfiehlt; sogar das „ich fühl' es"-Motiv aus Op. 9, C-Dur, und Op. 17, c-moll, taucht wieder auf. In dem fast schon im modernen Sinne scherzohaften Allegro-Menuett wird das Material des nur acht Takte umfassenden ersten Teils auf interessante Weise zu den 42 Takten des zweiten entwickelt. Der Trio-Teil kehrt das Hauptmotiv des Menuetts charmant um; statt (a) wie am Anfang des Menuetts erklingt jetzt (b):

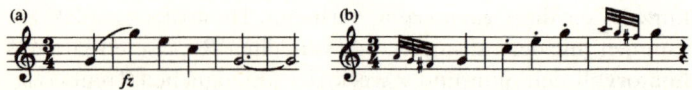

Zweitaktgruppen mit Sequenzen über einer absteigenden Tonleiter mit fortwährender Begleitung in Akkordzerlegungen geben diesem Teil etwas bewußt Automatenhaftes, das als solches bloßgestellt wird, wenn nach einer kleinen Überleitung die Reprise zweimal auf drollig verschiedene Weise ins Stocken gerät. Nach einer Generalpause macht das Vc den dritten Versuch. Diesmal kommt die Bewegung in Gang, aber ohne den Auftakt. Entzückend, wenn die V 1, den Auftakt wiederherstellend, die Bewegung aufgreift und in den pulsierenden Rhythmus einer lebensvollen Melodie verwandelt. Im chromatischen Seitenthema des Finales (Vivace assai 2/4) fühlte sich Pohl (II, 297) mit Recht an das chromatische „auf Wiedersehen" der drei Damen in der *Zauberflöte* erinnert, nur daß 1787 die *Zauberflöte* noch nicht komponiert war.

(38) Op. 50 Nr. 3 (Hob. III: 46) Es-Dur. Im I. Satz (Allegro con brio 6/8) hören wir in der Durchführung nach einem dudelsackartigen Bordun eine fragmentarische Doppelfuge über das Hauptmotiv. Die Reprise läßt dieses Motiv zunächst aus; es wird zur Überraschung des Hörers erst nach dem scheinbaren Schluß und einer langen Generalpause nachgeholt. Der Variationensatz (Andante più tosto allegretto 2/4) in B-Dur ähnelt in seinem Aufbau dem B-Dur-Werk, bindet sich aber nicht streng an die Form. Er erfreut durch kontrapunktische Züge, wechselnde Klangtextur, elegante Figurationen und eine romantische Coda. In dem wie im C-Dur-Werk scherzohaften Allegretto-Menuett gelingt es Haydn wieder, durch motivische Arbeit und schöne Modulation den zweiten Teil fast auf die vierfache Länge des ersten zu erweitern. Der an Op. 33, Es-Dur, anknüpfende Trio-Teil beginnt wie dort mit einer Melodie von acht Takten in der Tonika. Sie ist weniger eingängig, dafür aber als Periode reizvoller. In Op. 64, Es-Dur, wird Haydn zu dem Verfahren von Op. 33 zurückkehren:

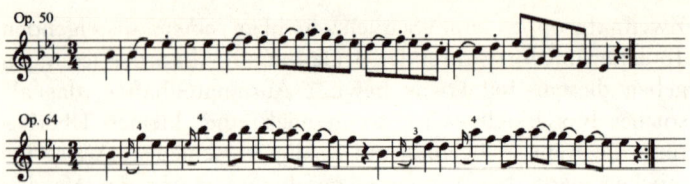

Das fein ziselierte Finale (Presto 2/4) beherrscht ein an den
Beginn des Werkes anklingendes Thema, das in immer neuen
Verkleidungen und Verwandlungen auftritt.

(39) Op. 50 Nr. 4 (Hob. III: 47) fis-moll. Dieses Werk läßt
die Tonart der „Abschiedssinfonie" von 1772 und den Satztypus der Schlußfuge aus den Quartetten jenes Jahres wieder
aufleben. Im I. Satz (Spiritoso 3/4) mit seinem wuchtig mit
drei auftaktigen Achtelnoten im Unisono beginnenden fis-
moll-Thema und dessen kapriziösem Nachsatz steigt die anschließende Überleitung zum hellen E-Dur auf, um recht
deutlich das A-Dur-Seitenthema vorzubreiten, das in Taktverschränkung als Dur-Variante des Hauptmotivs einsetzt und in
eine heitere, bis zum viergestrichenenen D aufjauchzende
Melodie übergeht, die trotz völlig anderen Charakters aus
dem Nachsatz des Hauptthemas entwickelt ist. In der Reprise
führt Haydn das A-Dur des Seitenthemas nicht nach der
Moll-Tonika zurück, sondern erhöht seinen Glanz durch ein
leuchtendes Fis-Dur, und in dieser Tonart schließt er den Satz.
Deutlich ist hier der Einfluß des „Hodie mecum eris in Paradiso" aus den *Sieben Worten* (s. S. 65) zu spüren. Das Andante 2/4 variiert abwechselnd ein melodisches Thema in A-Dur
und ein motivisch geprägtes in a-moll, ähnlich wie das Finale
aus Op. 33, D-Dur. Das Menuett (Poco Allegretto) greift die
Fis-Dur-Tonart wieder auf. Das geschieht wie in der „Abschiedssinfonie" wegen der Terzverwandtschaft mit dem A-
Dur-Schluß des vorangegangenen Satzes, außerdem der Dur-
Moll-Polarität zuliebe. Der kontrapunktische, an ein Motiv
des ersten Teils anknüpfende Trio-Teil und die Final-Fuge kehren nämlich zur Grundtonart fis-moll zurück. Die einthemige
Fuge bringt keine Dur-Aufhellung – dieses Mittel hatte sich

in den vorangegangenen Sätzen erschöpft –, sondern endet fatalistisch in fis-moll. Das Tempo ist ein spukhaftes Allegro molto 6/8, nicht ein ruhiges oder klagendes Allegro non molto oder Allegro moderato, wie der Schlendrian der Tradition es will.

(40) Op. 50 Nr. 5 (Hob. III: 48) F-Dur. Der I. Satz (Allegro moderato 2/4) erhält seine Spannung und seinen Schwung aus dem Wechselspiel von thematischen Achtelnoten und rauschhaftem Klang in Sechzehntel-Sextolen. Haydn brachte im Autograph eine Korrektur an: Statt der breit kadenzierenden Takte 20–24, die dem klangvollen und spielerischen Element der Sechzehntelnoten schon im Hauptsatz zu seinem Recht verhelfen, stand ursprünglich ein einfacher Schlußakkord, und nach der Pause ging die thematische Arbeit mit Auftakt 25 weiter. Das erschien ihm wohl ein wenig zu trocken und handwerksmäßig. Durch den Einschub mit dem vom Seitensatz hergenommenen Motiv der Sechzehntelnoten entsteht die Wirkung eines befreienden Ausbruchs. Ungemein komisch wirkt im Seitensatz das umgekehrte Verfahren, wenn das Passagenwerk abbricht und nach einer Pause der Nachsatz des Achtelnoten-Themas wieder aufgegriffen wird, so als wenn inzwischen nichts geschehen wäre. Eine enharmonische Delikatesse bietet uns der erste Abschnitt der Durchführung, wenn aus der Note Gis in der Begleitung dieses Nachsatzes die Note As wird und eine plötzliche Modulation von C-Dur nach Es-Dur erfolgt:

Dem Poco Adagio 3/4 in B-Dur hat im 19. Jahrhundert das *Florentiner Quartett* den Beinamen „Der Traum" gegeben. Die Melodie enthält einen Abschnitt, in welchem sie in kleinen punktierten Noten stufenweise über eine Oktave und eine

Quinte in die Höhe steigt, während gleichzeitig die Begleitstimmen in Sextakkorden stufenweise ruhig in die Tiefe stei-
gen. Wie träumerisch spielt Haydn mit diesem Gegensatz von
Auf und Ab und erzielt dabei die bezauberndsten Klangwir-
kungen. Die abweichende Überschrift „Tempo di Menuet"
(Allegretto) des III. Satzes erklärt sich wohl dadurch, daß der
Trio-Teil kein eigenes Thema, sondern das gleiche Thema hat
wie der Menuett-Teil; nur wendet es sich im dritten Takt nach
f-moll (der traditionelle Text läßt es gleich in Moll beginnen).
Der Menuett-Teil macht von dem Mittel der heimlichen Takt-
änderung Gebrauch: die fünf, jeweils durch eine Viertelpause
voneinander abgesetzten Schlußakkorde ergeben den Eindruck von fünf 2/4-Takten. Um so glatter fließt das Vivace
6/8-Finale, das in seinen „sopra una corda"-Stellen einen ge-
fühlvollen Portamento-Vortrag verlangt.

(41) Op. 50 Nr. 6 (Hob. III: 49) D-Dur. Das letzte Quartett
ist das bekannteste und am meisten geschätzte dieser Serie.
Der I. Satz (Allegro C) beginnt mit einem unbegleiteten
Überleitungsmotiv. Herrlich ist in der Durchführung die Häu-
fung von unvorbereiteten Vorhaltsdissonanzen; sie entstehen
durch Engführungen dieses Motivs. Die einfache, fast sprechende Liedmelodie des II. Satzes (Poco Adagio 6/8) in d-moll
wird diesmal nicht variiert, sondern als monothematischer
Sonatensatz gestaltet. Oft löst sie sich in zarten Fioritturen auf
oder wird mit Passagen, Arpeggien und trillerartigen Figuren
begleitet. Der Seitensatz steht in der Exposition in F-Dur, in
der Reprise in D-Dur, dem fis-moll-Werk und dem gemeinsamen Vorbild des „Hodie mecum eris in Paradiso" folgend.
Die Durchführung beginnt *f* mit einem Sprung von F-Dur in
die chromatische Unterterz Des-Dur; einige Takte später folgt
pp der noch kühnere Sprung von As-Dur in die enharmonische Unterterz E-Dur. Zum Ausgleich für diese Eskapaden
verharrt der Trio-Teil des Allegretto-Menuetts in der Grundtonart. Das Paradestück dieses Quartetts ist das Finale (Allegro con spirito 2/4) mit seiner Apotheose der Bariolage, deren
eigentümlicher Klang dem Quartett im 19. Jahrhundert den
Beinamen „Froschquartett" eingetragen hat. Der tremolieren-

de Saitenwechsel kommt schon im Hauptthema vor – das wie in Nr. 1 und 5 am Schluß rondomäßig wiederkehrt – und wird im Verlauf des Satzes immer häufiger mit chromatisch kreisenden oder gleitenden Tongängen kombiniert, bis in den leisen Schlußtakten des Epilogs die drei Oberstimmen *pp* gemeinsam quaken, während das Vc chromatisch hinabrutscht und in der Tiefe brummelt. Aber Haydn übertreibt den Effekt nicht. Das liebenswürdig melodische Seitenthema ist bariolagefrei und erstarrt vor der Kadenz in langen, schön modulierenden Akkorden.

6. Sechste Serie: Die sechs Quartette Op. 54/55 (die erste Serie der Tost-Quartette) (1788)

Johann Tost war bis März 1788 Geiger im fürstlich Ester-házyschen Orchester und wollte einen Musikverlag gründen. Anscheinend gelang es ihm, Haydn zu dem Verkauf dieser wie auch der nächsten sechs Quartette an ihn zu überreden, oder er erhielt von ihm Handlungsvollmacht. Jedenfalls machte er Geschäfte mit Verlegern, so in Paris mit dem Verleger Sieber. Haydn stand mit diesem in Briefwechsel und erkundigte sich bei ihm am 5. April 1789, ob und zu welchem Preis Tost ihm die sechs Quartette verkauft habe. In ähnlicher Weise erkundigte er sich schon am 22. September 1788 bei dem Wiener Verleger Artaria. Offenbar wollte er prüfen, ob Tost geschäftlich korrekt verfahren war. Von einer eigentlichen Widmung an Tost kann demnach keine Rede sein. Auch ist es keineswegs sicher, ob aus der anspruchsvollen Partie der V 1 auf Tosts spieltechnische Fähigkeiten und Vorlieben geschlossen werden darf, wie dies meist getan wird.

Die Aufteilung in zwei Opera von je drei Werken geschah durch die Verleger. Doch handelt es sich wieder um eine Serie von sechs Werken, kaum weniger umfangreich als Op. 50. Da das Autograph nicht erhalten geblieben ist (es existieren nur noch Entwürfe zum G-Dur- und E-Dur-Quartett in der Staatsbibliothek zu Berlin), läßt sich nicht entscheiden, welche der unterschiedlichen Reihenfolgen in den 1789/90 erschienenen Erstausgaben authentisch ist. Hoboken folgt Pleyel und dem HV mit der Reihenfolge: C, G, E, A, f, B. Die Aufzählung unten folgt dem Wiener Erstdruck und der Tradition.

Ein zeitgenössischer Kritiker bewunderte an den drei Quartetten Op. 54 zwar „die originelle Laune, den musikalischen Witz und den unerschöpflichen Reichthum der Gedanken", hielt dem Komponisten aber vor, daß er „fast alle Hauptgedanken oder concertirende Stellen der ersten Violine gegeben, und die übrigen Instrumente größtentheils nur zur Begleitung gebraucht hat. Einem Haydn müßte es doch wohl wenig

Mühe verursachen, *wirkliche Quartette* zu schreiben."[1] Diese nicht ganz unberechtigte Zensur deutet auf eine im Vergleich zu der vorigen Serie stärkere Melodiebetontheit in manchen Sätzen hin. Auf eine andere wertvolle Seite macht derselbe Kritiker aufmerksam, wenn er bemängelt, daß Haydns „Ausweichungen hin und wieder vielleicht etwas zu frappant" seien. Die Grundtonarten der sechs Quartette greifen weiter aus als in Op. 50: vom dunklen f-moll über B-, C- und G- zum hellen A- und E-Dur. Überhaupt ist diese Sechsergruppe vielgestaltiger. Eine Verbindung mit Op. 50 und 33 besteht darin, daß die Trio-Teile der Menuette keine Überschrift tragen.

(42) Op. 54 Nr. 1 (Hob. III: 58) G-Dur. Das überaus melodische und trotzdem stark vom Rhythmus bestimmte Werk ist besonders beliebt. Die geschmeidige, teilweise chromatische Hauptmelodie des I. Satzes (Allegro con brio oder Vivace assai C) begleiten fast durchgehend schnell wiederholte Achtelnoten, in denen die alten Trommelbässe und die klopfenden Achtelnoten aus Op. 33, C-Dur, verjüngt wieder auferstehen; sie füllen auch einen Staccato-Takt des Themas selbst aus. Reizend ist der Kontrast eines kleinen Seitenthemas spät in der Exposition, wunderschön in der Durchführung die Vorbereitung der Scheinreprise in C-Dur durch eine Kette von synkopisch einsetzenden langen Akkorden, und der wirklichen Reprise durch Engführungen eines aus der Exposition genommenen Motivs, das in der Reprise auch noch seine Eignung als Kontrapunkt zu dem Seitenthema erweist. In dem Allegretto 6/8 besteht die akkordische Begleitung wiederum aus wiederholten Achtelnoten. Im Seitensatz verselbständigen sie sich und führen zweimal zu ungeahnten chromatischen Modulationen. Im Menuett verlangsamt sich das Klopfen in der Begleitung zu Viertelnoten. Den 5 + 5 Takten des Themas kontrastiert nach dem Doppelstrich schwungvoll eine in e-moll beginnende Melodie von 4 + 6 Takten, die zusätzlich von Akkordbrechungen in staccatierten Achtelnoten begleitet wird.

[1] Allgemeine deutsche Bibliothek, CXI/1 (Kiel 1792), 121 f.

Im Trio-Teil kontrapunktieren der durchgehenden, in Vier-
taktgruppen verlaufenden Achtelnotenbewegung des Vc-Solos
Melodiefragmente in den Oberstimmen. In die Regelmäßig-
keit der Bewegung kommt angenehme Verwirrung, wenn in
dem modulierenden Abschnitt ein geradtaktiger Rhythmus
den 3/4-Takt überlagert. Das Thema des Finalrondos (Vivace
oder Presto 2/4) wird von rauschenden Sechzehntelnoten begleitet, die sich von den Achtelnoten des kontrastierenden
Menuettabschnitts herleiten. Die pochenden Tonwiederholungen der drei ersten Noten des Themas selbst erklingen im
Verlauf immer wieder, auch auf anderen Tonstufen, einmal
sogar nach einer der reizenden kleinen Pausen, die den rasan-
ten Fluß unterbrechen, auf dem tiefen, lauten und „falschen"
Ton Es, der sich nach kurzer Denkpause leise zu einem hohen
D „berichtigt". Unüberhörbar auch der volksmusikantische
Doppelgriff der V 1 auf den leeren Saiten A und E in dem
mitreißenden h-moll-Abschnitt. Der Schluß verklingt in höchster Lage *pp*.

(43) Op. 54 Nr. 2 (Hob. III: 57) C-Dur. Das eindrucksvolle
Werk hebt den prozeßhaften Charakter seiner Gesamtform
hervor. Lauten Rufen gleich erklingen im I. Satz (Vivace ¢) die
je fünf Takte von Vorder- und Nachsatz des klangvollen Themas. Beiden folgt als sechster Takt eine Generalpause. Zwei
weitere Rufe folgen, der erste in As-Dur, nach C-Dur zurück-
lenkend, der zweite nach einer weiteren Pause in a-moll, zur
Dominante modulierend, wo uns ein schelmisches Seitenthema begrüßt. In der Reprise werden die Rufe beantwortet:
Statt der früheren Pausen erklingt in V 1 immer ein Echo der
letzten drei vorangegangenen Noten. Das c-moll-Adagio 3/4,
eine Art von Choralphantasie, ist im Grunde nichts anderes
als eine getragene, Note gegen Note harmonisierte Melodie
aus vier Zeilen von je acht Takten (A A B A') mit kleiner Coda. Nur bei der ersten Zeile hören wir den Choral unverziert.
Mit der zweiten Zeile wird er von der V 2 übernommen und
verschwindet im Hintergrund, und die V 1 spielt im Vorder-
grund bis zum Schluß einen wie improvisiert wirkenden Kontrapunkt: in ausgeschriebenem Tempo rubato den Tonraum

durchmessend, bald in emphatischen Läufen, bald wie eine
Nachtigall schlagend, bald in aufschluchzenden Arpeggien
und beredten Fiorituren. Es klingt wie das leidenschaftliche
Solo eines Zigeunerprimas zu den leisen Akkorden einer alten
traurigen Weise. In dem nach einem Halbschluß „attacca
subito" sich anschließenden C-Dur-Menuett (Allegretto) hellt
sich die Stimmung auf, und es erklingt schon im dritten Takt
ein an sich nicht ungewöhnlicher, aber an so früher Stelle und
unter dem Spitzenton des Themas sehr reizvoller Doppeldo-
minant-Septakkord (in zweiter Umkehrung):

In dem Epilog findet sich dieser Akkord dissonanter wieder,
mit der Note Dis statt D. So sind wir auf die noch stärkere
Würze im Trio-Teil vorbereitet. Dieser knüpft wieder an die
Tonart des Adagios an und enthält einen der sehnsüchtigsten
Akkorde, die in Haydns Quartetten vorkommen; in seiner
vierstimmigen Fassung ist er, ohne die abweichende Auflösung
betrachtet, Wagners Tristan-Akkord gleich:

Nach der Wiederholung des Menuetts mit seinem fulminanten
C-Dur-Schluß, bei dem die V 1 zum viergestrichenen C hin-
aufeilt, um unmittelbar darauf zu ihrem tiefsten G hinabzu-
stürzen, beginnt das Finale wieder mit einem Adagio, nun im
2/4-Takt. Die nach einem schlichten Anfang sich *pp* entfal-

tende, trotz ihrer Verzierungen feierliche Melodie der V 1 begleitet das Vc mit ungewöhnlich weit ausholenden Schritten, die den C-Dur-Dreiklang vom tiefsten C bis zum zweigestrichenen E ausmessen; ähnlich verfährt das Vc bei den folgenden Harmonien. Nach einer c-moll-Eintrübung mit Modulationen und Halbschluß beginnt ein koboldhaftes C-Dur-Presto 2/4, kommt aber ziemlich bald auf einem Dominant-Septakkord (in erster Umkehrung) zum Stillstand und kehrt zu dem stilleren C-Dur-Glanz des Adagios zurück, mit dem das Finale – ein einmaliger Vorgang, aber ähnlich wie in Haydns „Abschiedssinfonie" – ausklingt.

(44) Op. 54 Nr. 3 (Hob. III: 59) E-Dur. Der monothematische I. Satz hat trotz des Allegro ¢-Tempos und der glänzenden Achteltriolen-Passagen in der V 1 eher beschaulichen Charakter, wofür die vielen gebundenen Viertel- und halben Noten und die Orgelpunkte, auch solche in gebrochenen Oktaven (Murky-Bässe), verantwortlich sind. Köstlich ist der Schluß des Satzes, wenn die Begleitstimmen das Legato preisgeben und staccato zu hüpfen anfangen. Aber zwei strenge Akkorde ohne Terz machen diesem Vergnügen schnell ein Ende. Im A-Dur-Largo 3/4 stellt sich dem lyrischen ersten Teil sehr wirkungsvoll ein für die V 1 bei richtig gewähltem Tempo virtuoser a-moll-Teil entgegen. Dann wird der erste Teil verziert wiederholt. Das etwas spröde Allegretto-Menuett erinnert mit seinen auf Strecken in Oktaven verdoppelten Stimmenpaaren ein wenig an Op. 1 und 2. In dem wieder monothematischen Finale (Presto 2/4) tragen wie im I. Satz die vielen Haltetöne und im zweiten Teil einige Generalpausen zu einer verhaltenen Stimmung bei, zu der die Feuerwerksraketen der V 1 in einem eigentümlichen Gegensatz stehen. Der E-Dur-Schlußakkord bleibt wieder ohne Terz.

(45) Op. 55 Nr. 1 (Hob. III: 60) A-Dur. Den Anfang macht wieder ein Allegro ¢-Satz. Diesmal hat das Hauptthema den Ausdruck ungehemmter Lebensfreude, und es gibt auch ein kontrastierendes Seitenthema. In der Durchführung kehrt das triumphierend im Dreiklang aufsteigende Hauptthema in C-Dur zurück: in kräftiger Mittellage, von auftrumpfenden

Doppelgriffen in tiefer Lage begleitet; der Ausdruck „Schein-reprise" will bei so viel klanglicher Präsenz schlecht passen. Die glänzenden Triolenpassagen der V 1 und 2 im Seitensatz ähneln zwar denen im I. Satz des E-Dur-Werks, werden aber in der Durchführung schön zu dialogischer und kontrapunkti-scher Arbeit benutzt. Das Adagio cantabile 2/4 beginnt drei-stimmig. Wenn die V 1 nach acht Takten die Melodie von der V 2 eine Oktave höher übernimmt, ist das ein wunderbarer Augenblick. Das obligate Akkompagnement gipfelt in einer vierstimmigen ornamentalen Kadenz. Im Trio-Teil des Menu-etts liegt die einfache Melodie in V 2, und V 1 kontrapunk-tiert dazu in der höchste Lage im leichtesten Staccato mit der Spitze des Violinbogens ("col punto d'arco"), um dann die Melodie abzuschließen: aber wieder in tiefster Lage auf der G-Saite ("sul una corda"). Mitten im Finale (Vivace ¢) über-rascht uns statt der Wiederkehr des neuntaktigen Themas ein rasantes Fugato mit einem Thema traditionellen Stils in gro-ßen Notenwerten und mit den Achtelnoten des eigentlichen Themas als Kontrasubjekt. Dann geht der Satz rondomäßig zu Ende, mit hübschen kleinen Varianten in der Harmonisie-rung.

(46) Op. 55 Nr. 2 (Hob. III: 61) f-moll. Der Beiname „Ra-siermesserquartett" hat etwas mit dem englischen Musikver-leger John Bland zu tun. Bland hatte den Meister im Novem-ber 1789 in Estoras (Eszterháza) in Ungarn besucht: „Er woll-te mir verschiedene Stücke abnehmen. Er erhielte aber in Rücksicht Ihrer keine Note", schrieb Haydn am 15. Novem-ber 1789 an Artaria. Das schloß nicht aus, daß er Bland das Autograph eines Quartetts ohne Verlagsrecht überließ. Dafür spricht die Anekdote, die C. H. Purday im Augustheft 1880 der Londoner Monatsschrift *The Leisure Hour* erzählt, wo-nach Bland bei seinem Besuch Haydn vor dem Spiegel beim Rasieren antraf: „Ach! Mr. Bland, hätte ich doch ein gutes Paar englischer Rasiermesser, mein bestes Quartett würde ich darum geben." (Gute Stahlwaren kamen damals aus Eng-land.) Bland sei in seinen Gasthof geeilt, habe seine eigenen Messer geholt und sie Haydn übergeben, der sich mit dem

f-moll-Quartett revanchierte.[2] In Wirklichkeit hat er sie ihm von London aus geschickt, wofür sich Haydn in einem Brief vom 12. April 1790 bedankte.[3] – Der I. Satz, ein Andante o più tosto allegretto 2/4, besteht aus Doppelvariationen, die aber anders als in Op. 33, D-Dur, und Op. 50, fis-moll, nicht mit dem Dur-Thema, sondern mit dem Moll-Thema beginnen: Auf ein liedhaftes Thema in f-moll folgt ein ebenso liedhaftes Thema in F-Dur, eine Abwandlung des f-moll-Themas und eine von Haydns schönsten Eingebungen. Dann wechseln figurative Variationen beider Themen miteinander ab. Der II. Satz (Allegro ¢) steigert den Moll-Dur-Kontrast. Das sprechende f-moll-Hauptthema erscheint nach einer Generalpause einen Halbton höher in Ges-Dur. Später erklingt es, anders fortgeführt, in As-Dur als Seitenthema. Es eröffnet in Des-Dur auch die Durchführung, und nach Halbschluß und Generalpause erklingt es in A-Dur. Die anschließende Fortspinnung und Sequenzierung entwickelt sich zu einem Fugato. Wenn das Thema zuletzt in der V 1 in f-moll erscheint, ist dies der unvermerkte Beginn der Reprise, die danach zunächst nichts anderes als ein auslaufendes Fugato darstellt. Der abschließende Orgelpunkt wird effektvoll zum Spannungsaufbau vor der Reprise des Seitenthemas benutzt, das nach einer Generalpause mit Fermate im unschuldigsten F-Dur *p* einsetzt: eine hervorragende Neuinszenierung des Modells des „Hodie mecum eris in Paradiso" aus den *Sieben Worten* (s. S. 65). Menuett und Finale stehen ebenfalls in F-Dur. In dem Allegretto-Menuett soll die erhitzte Stimmung sich beruhigen. Als Mittel dafür wählt Haydn ein Sätzchen im doppelten Kontrapunkt für Va und V 1; dann geht es im Stimmtausch weiter. In der ausgeschriebenen Wiederholung setzen Vc und V 2 das Spiel fort, während die beiden anderen Stimmen frei begleiten. Der zweite Teil verarbeitet Thema und Kontrapunkt mit Einmischung von Chromatik und bringt dann eine Art Reprise im vollen und farbigen Klang. Der ebenfalls von der Chromatik

[2] Vgl. Pohl, II, 235.
[3] Haydn-Jahrbuch, XIII (1982), 215.

beeinflußte Trio-Teil steht in f-moll – letzter Rest des Dur-Moll-Gegensatzes im I. und II. Satz. Da die Möglichkeiten dieser Antithetik nun erschöpft sind, wirft sich das Finale (Presto 6/8) auf die mehrfach schon angeklungene Chromatik. Sie kulminiert zu Beginn der Durchführung in einer Engführung des umgekehrten Themas. Für Auflockerung der gleichförmigen Bewegung sorgen im ganzen Satz klangbetonte Passagen, hauptsächlich in der V 1, und synkopische Viertelnoten.

(47) Op. 55 Nr. 3 (Hob. III: 62) B-Dur. Das Thema des I. Satzes (Vivace assai 3/4) beginnt in beiläufiger Art mit einem viertaktigen Vordersatz aus einer Kette von Sekundschritten, die von der I., IV. und VI. Stufe absteigen und von allen Instrumenten leise im Unisono vorgetragen werden. Der weitere Verlauf zeigt uns, was sich alles an Verwandlung, Umkehrung, Harmonisierung, Kontrapunktierung und Fugierung mit diesem scheinbar einfachen Hauptgedanken machen läßt. Das aus einem Nebengedanken entwickelte Seitenthema besteht aus einer diatonisch und chromatisch im Raum einer Septe zuerst im Vc, dann in V 1 aufsteigenden Tonleiter mit synkopischen Akzenten, spannend begleitet von einem leise pochenden Sekundzweiklang wie im Andante von Op. 33, h-moll. Das Adagio ma non troppo 2/4 in Es-Dur besteht aus zwei Variationen mit Coda über ein Thema, dessen zwei Abschnitte eine Reprise enthalten. Das dadurch oft erklingende Hauptmotiv wirkt mit seinem Baß in Tenorlage, seiner dynamischen Differenzierung und seinem Hinstreben zu einem Gipfel auf der Subdominante geradezu magisch. Im III. Satz ist der von Achteltriolen beherrschte Trio-Teil vollständig aus der Schlußfloskel des Menuetts abgeleitet und bildet mit diesem eine zäsurlose Einheit. Das virtuose Presto-Finale 6/8 beginnt mit einem Sololauf der V 1 in abwärts eilenden Sechzehntelnoten, denen die anderen Instrumente im Unisono folgen, um gemeinsam stufenweise wieder aufwärts zu eilen. Da man den auftaktigen Beginn als Volltakt hört und der Abwärtslauf nach jeweils drei Achteln umbrochen wird, bleibt der Rhythmus in der Schwebe. Er scheint festzustehen, sobald der zwei-

te Gedanke des Hauptthemas erscheint, gerät aber sogleich wieder ins Wanken, wenn zwei Takte folgen, in denen der 6/8-Takt durch Akzentuierung des Auftakts um ein Achtel vorgezogen erscheint. Erst nachdem das gesangliche Seitenthema einsetzt, stimmt der Rhythmus für längere Zeit mit dem Takt überein. Die Durchführung beginnt mit einer Tour de force: Die Sechzehntelläufe des Themas werden aufwärts und abwärts, ganz und in Stücken gezwungen, einander im Kanon zu imitieren. Die dann folgenden entspannenden Passagen leiten unvermerkt in die Reprise über, in der die Begleitstimmen des Hauptthemas diesmal nicht im Unisono, sondern in Sexten und Sextakkorden hinzutreten und der Nachsatz die Verwirrung steigert, da die führende Stimme nun im Vc erklingt, von V 2 in Terzen begleitet, während V 1 und Va in Gegenbewegung verlaufen. Die Fortsetzung bringt ein in fremdartigen Harmonien klagendes Motiv, das Seitenthema verlagert sich in die V 2, übertrillert von der V 1, und der zweite Gedanke des Hauptthemas erscheint als Kehraus.

7. Siebte Serie: Die sechs Quartette Op. 64
(die zweite Serie der Tost-Quartette)
(1790)

Ob der „Monsieur Jean Tost", dem diese Serie in der Wiener
Erstausgabe des „Magazin de Musique" gewidmet ist, die
gleiche Person wie der Geiger Johann Tost war (s. S. 76, sech-
ste Serie) oder ein Großkaufmann Johann Tost oder ob der
Geiger sich zum Großkaufmann wandelte, der ein ausge-
zeichneter Geiger blieb, darüber ist viel spekuliert worden.
Die letzte Annahme dürfte wohl am wahrscheinlichsten sein.
Die widmungslosen autographen Partituren haben sich von
fünf der sechs Werke erhalten: Nr. 48 in dem Royal College
of Music in London, Nr. 49 in Privatbesitz, Nr. 50 in der
Rychenberg-Stiftung in Winterthur, Nr. 52 in der Library of
Congress in Washington, Nr. 53 in der Bibliothek der Musa-
shino Academia Musicae in Tokio. Sie sind von Haydn alle
mit 1790 datiert und in der unten angegebenen Reihenfolge
numeriert. Die seit 1791 erschienenen Drucke weisen abweichende Reihenfolgen auf; die Tradition folgt dem Wiener,
Hoboken dem Londoner Erstdruck. Der Umfang dieser Serie
entspricht etwa dem von Op. 54/55. Ihre Ausführbarkeit wurde von dem Wiener Erstverleger in einer Ankündigung vom
23. Februar 1791 in der Wiener Zeitung als leichter einge-
schätzt. Die Haupttonarten sind die gleichen wie in Op. 33,
aber in anderer Reihenfolge. Mit der Bezeichnung „Menuet"
und „Trio" kehrt Haydn zu seinem Schreibgebrauch vor Op. 33
zurück. Die Quartette in B-Dur, G-Dur, Es-Dur und D-Dur
zählen zu seinen beliebtesten.

(48) Op. 64 Nr. 1 (Hob. III: 65) C-Dur. Das Quartett beginnt mit einem motivreichen, aber monothematischen Sonatensatz im Allabreve-Marsch-Tempo (Allegro moderato ¢).
Das Thema des Menuetts (Allegretto ma non troppo) dient in
einer c-moll-Variante auch zur Eröffnung des Trios. Das Allegretto scherzando 2/4 in F-Dur besteht aus zwei streng gearbeiteten Variationen über ein liedhaftes Thema mit bedeutend

erweitertem zweiten Teil; harmonisch bemerkenswert ist am Schluß die schubertische Wendung:

Das 6/8-Final-Presto bringt eine dem stockenden Rhythmus seines Hauptthemas hübsch kontrastierende tänzerische Melodie in der Schlußgruppe der Exposition, wiederholt sie aber nicht in der Reprise. In der Durchführung hören wir ein aus der Tiefe aufsteigendes, zu einem packenden Klangbild sich entwickelndes Fugato über das verwandelte Hauptthema.

(49) Op. 64 Nr. 2 (Hob. III: 68) h-moll. Das Quartett präsentiert die Moll-Dur-Polarität in einer weniger dramatischen als vielmehr ausgewogenen Form. Es beginnt ähnlich wie Op. 33, h-moll, tonal doppeldeutig: Der Hörer weiß nicht, ob er den von der V 1 allein gespielten Anfang (Allegro spiritoso C) als h-moll oder D-Dur deuten soll, bis das Hinzutreten der anderen Stimmen Klarheit schafft. Da in der Reprise das kontrastierende D-Dur-Seitenthema nach h-moll zurückkehrt, darf das nachfolgende Adagio ma non troppo 3/4 in H-Dur stehen, einer in der damaligen Zeit nicht eben häufigen Tonart. Seine Form ist eigentümlich: Eine vielleicht präexistente, vermutlich religiöse Melodie wird von der V 1 mit „veränderten Reprisen" der beiden jeweils aus Vorder- und Nachsatz bestehenden beiden Teile (A, B) vorgetragen und dann noch im Zusammenhang (A + B) zweimal in jeweils neuer Veränderung wiederholt: A (4 + 4 Takte), A', B (5 + 4 Takte), B', A"B", A'''B'''; den Schluß macht der veränderte Nachsatz von B mit einem kleinen Epilog. Wie hören also ständig kurze Phrasen, die von einander durch deutliche Zäsuren getrennt sind, während die Begleitung in Achtelnoten weiterfließt. Sie liegt hauptsächlich in der V 2, der Haydn in einer Anmerkung zu seinem Autograph eine gute und sichere Intonation emp-

fiehlt, und sie belebt sich beim letzten Vortrag des vollständigen Liedes zu Sechzehntelnoten – das ist die einzige größere Abwechslung in diesem klangschönen, bestens zur Meditation geeigneten Satz. Das Allegretto-Menuett in h-moll wird von einem eigenwilligen Motiv und einer eigenwilligen Phrasierung beherrscht, das H-Dur-Trio von einer strahlenden Melodie der V 1 in regelmäßigen Phrasen von vier Takten. In dem h-moll-Presto-Finale 2/4 mit seinem charakteristischen Thema setzt nach einer rondohaft wirkenden Scheinreprise in h-moll die eigentliche Reprise in H-Dur ein, und in dieser Tonart geben die beiden Violinen dem Quartett *pp* in höchster Lage einen offenen Schluß.

(50) Op. 64 Nr. 3 (Hob. III: 67) B-Dur. Der I. Satz (Vivace assai 3/4) beginnt sozusagen mit einem kleinen Wortwechsel: Ein lautes Staccato-Motiv und ein leises Legato-Motiv wechseln ohne Zäsur mit einander ab und bilden dabei eine Phrase von 5 + 2 Takten. Dann bricht der Disput ab, und ein neues Motiv mit galoppierendem Rhythmus baut sich in den Stimmen von unten nach oben auf und entwickelt sich zu einem „ungarischen Reitermarsch" (Bruno Aulich) von 4 + 4 Takten. Dann hebt der Wortwechsel abgeändert wieder an und führt zu einem tumultuarischen Halbschluß. Der Seitensatz bringt einen kantablen Ansatz, zwischen F-Dur- und C-Dur-Akkorden pendelnd und mit einer rauschenden Begleitung versehen, die V 2 und Va unter sich aufteilen. Sie werden abgelöst vom Vc, das einen Murky-Baß auf dem Ton C spielt, über dem das Staccato-Motiv des Anfangs sequenzierend hin- und hergeworfen wird. Dann beginnt das Pendeln zwischen F-Dur und C-Dur erneut und geht nach einer stufenweise aufsteigenden Sequenz in eine buffoneske, in Trillern gewissermaßen lachende Kadenz über. In dem kleinen Epilog erscheint das Anfangsmotiv erneut und leitet *pp* in die Wiederholung bzw. die Durchführung über. Bei aller Abwechslung herrscht in diesem amüsanten Satz der beste Zusammenhang. Das Adagio 2/4 in Es-Dur knüpft mit seiner dreiteiligen Form A B A' an das Largo in Op. 54, E-Dur, an: A ist zweiteilig, mit „veränderten Reprisen" beider Teile, B ein kontrastierender,

obwohl an das Anfangsmotiv anknüpfender Mittelteil in es-moll; A' bringt die Melodie ohne die Wiederholungen und erneut verändert; eine auch in den Begleitstimmen sehr originelle und ausdrucksvolle Coda beschließt den Satz. In dem Allegretto-Menuett kehrt der lachende Triller der I. Satzes zurück und dient mehrfach zu reizenden Taktveränderungen. Das Trio stellt synkopierten und normalen Rhythmus gegeneinander; da die Melodie mit synkopiertem Auftakt beginnt, entsteht ähnlich wie in dem Trio der „Oxford"-Sinfonie vom Jahr zuvor der Eindruck einer Taktverschiebung, deren „Berichtigung" wir ein paar Takte später schmunzelnd konstatieren können. Das Finale (Allegro con spirito 2/4) läßt an vielen Stellen den synkopischen Rhythmus weiterwirken, und im Hauptthema klingt sogar der galoppierende Rhythmus aus dem I. Satz an. Wunderschön ist die dreimalige, mit den Wiederholungen sechsmalige Beruhigung des Rhythmus und Abschwächung der Lautstärke in einer Kette von Vorhaltsakkorden in halben Noten, allerliebst am Schluß, nach der rondomäßigen Wiederkehr des Hauptthemas, der wiederholte *p*-Vortrag der drei ersten Noten, beim dritten Mal gedehnt wie in einem leisen Gähnen, und dann, nach dem vierten Mal, die überstürzte Jagd zum Schlußakkord hin.

(51) Op. 64 Nr. 4 (Hob. III: 66) G-Dur. Das Allegro con brio **C** beginnt mit einem singenden Thema, dessen Schlußmotiv sogleich für die Modulation zur Dominante verwertet wird. In dieser Tonart hören wir das Thema erneut, mit einer Weiterführung zur Doppeldominante. Dann erklingt ein kontrapunktisch geartetes Seitenthema, aber nicht in dem erwarteten D-Dur, sondern in d-moll. Erst am Schluß der Exposition hören wir das eigentliche Seitenthema, eine kleine Melodie in D-Dur. Das melodische Allegretto-Menuett beginnt und schließt mit einer achttaktigen Periode, deren Schlichtheit ein kapriziöses Trio gegenübersteht. Altmanns *Kammermusik-Katalog* nennt dieses Quartett das „mit dem als Studie der III. Lage bekannten Trio des Menuetts." Die gleichmäßige, fein artikulierte Achtelbewegung der V 1 wird von gezupften Tonika-, Dominant- und Subdominant-Akkorden in Viertelnoten

begleitet, so einfach, daß sich die Baßnoten auf G, D und C beschränken. Trotzdem wird dem Hörer leicht schwindelig wie auf einem Karussel: Aus den Achtelnoten hört er eine bezaubernde Melodie, erfaßt Anfang und Ende ihrer Phrasen, kann ihr aber nicht folgen, da die Achtelnoten unberechenbar umherspringen und die Phrasen aus 5 + 5 Takten gebaut sind, ausgenommen die Überleitung am Anfang des zweiten Teils, bei der das Karussel langsam stehenbleibt, um sich dann wieder in Bewegung zu setzen. Das Adagio cantabile e sostenuto 2/4 in C-Dur gehört einem Melodietypus an, der uns zuerst im Schlußsatz aus Op. 54, C-Dur, und im I. Satz aus Op. 55, f-moll, begegnete. Haydn rundet ihn zu der symmetrischen Großform A B A' ab. Die zweiteilige C-Dur-Melodie, stets von der V 1 gespielt, erklingt zuerst im Abschnitt A mit „veränderten Reprisen". Dann folgt der in sich wieder symmetrische Abschnitt B, der mit dem Thema in c-moll beginnt und endet und eine Es-Dur-Mitte einschließt. Im Abschnitt A', nach glattem Übergang, kehrt die Melodie in C-Dur zurück, wird ohne Wiederholung beider Teile erneut verändert und schließt mit einem Epilog. In diesem paradiesischen Satz gibt es nichts als die Symmetrie der Form, den Zauber der klar strukturierten Melodie und den Wohlklang der arpeggierenden Begleitung, deren Legato nur in den kleinen c-moll-Teilen von Staccato abgelöst wird. Das Final-Presto steht im 6/8-Takt wie in dem C-Dur-Werk, ist aber fließender. Ein gesangliches zweites Thema erklingt gleich zu Anfang des Seitensatzes. Die ungemein klar und dualistisch gestaltete Durchführung bringt geistvolle motivische Arbeit.

(52) Op. 64 Nr. 6 (Hob. III: 64) Es-Dur. In dem monothematischen I. Satz (Allegro ¢) wird die kurze Schlußwendung von Takt 8 des gesanglichen Themas sogleich aufgegriffen und mit einer Begleitung in staccatierten Achtelnoten verknüpft. Diese Verknüpfung kehrt in der Durchführung, die mit einem Fugato über die beiden ersten Takte des Themas beginnt, wieder und erhält eine ungeahnt ernste Beleuchtung bald durch das Vc, bald durch die Va: Beide antworten abwechselnd auf die von der V 1 in Abständen vorgetragene Schluß-

wendung, bis der durchgehend von staccatierten Achtelnoten der V 2 zusammengehaltene Dialog in einer Scheinreprise in Ges-Dur mündet. Die richtige Reprise in Es-Dur erklingt an sich unüberhörbar nach einem Halbschluß und einer Zäsur in allen Stimmen, überrascht aber trotzdem, weil der Halbschluß derjenige von c-moll war. Das B-Dur-Andante 3/4 beteiligt alle Instrumente durch kontrapunktische Imitationen an der Melodie und ihren kaum veränderten Reprisen. Nach einem herrlich kontrastierenden b-moll-Mittelteil kehrt der erste Teil verkürzt, aber wenig verändert zurück. In dem energischen Allegretto-Menuett gibt es neben dem auftaktigen Rhythmus der Melodie den volltaktigen Rhythmus einer motivisch eigenständigen Begleitung. Reizend ist der p-Epilog mit seinen 2/4-Takten. Das Trio bringt eine von Haydns bezauberndsten kleinen Ländler-Melodien; sie ähnelt in ihrem Charakter und in der Spieltechnik, vom Auftakt in den Hauptton hineinzugleiten, derjenigen aus Op. 33, Es-Dur (siehe oben das Notenbeispiel bei Op. 50, Es-Dur). Der Komponist hat vorausgesehen, daß diese Melodie gefallen und nach dem Dacapo des Menuetts nochmals gespielt werden würde, und für diesen Fall eine Variante geliefert, in der am Schluß die V 2 die Melodie übernimmt und die V 1 dazu Tonwiederholungen in der höchster Lage, vom drei- bis zum viergestrichenen Es, wie Schellenglöckchen erklingen läßt. Nur die Londoner Erstausgabe hat beide Fassungen beibehalten. In den Wiener und Pariser Erstausgaben und den nachfolgenden Ausgaben steht allein die brillante zweite; ihnen folgte die Tradition. In dem lustigen Finalrondo (Presto 2/4) hat Haydn wieder einen seiner Schlußscherze angebracht. Diesmal besteht er darin, das Thema plötzlich doppelt so langsam und mit leicht verzerrtem Rhythmus zu spielen, bevor es noch einmal im richtigen Tempo und Rhythmus wiederholt und zu Ende geführt wird.

(53) Op. 64 Nr. 5 (Hob. III: 63) D-Dur, ist eines der meistgespielten Streichquartette überhaupt. Nach den ersten Takten (Allegro moderato ¢), in denen V 2, Va und Vc in mittlerer Lage in kurzen Tönen ein Thema zu spielen scheinen, schwingt sich die V 1 in hoher Lage zu einer jubelnden Melodie auf, die

zu dem Beinamen „Lerchenquartett" geführt hat. Gleichzeitig geht der an sich schon thematisch wirkende dreistimmige Satz weiter. Diese Kombination gibt dem Hauptthema eine große Weite. Haydn läßt es mehrfach wiederkehren: Der Anfang der Durchführung durfte nach alter Art mit dem Thema in einer anderen Tonart beginnen; das Kunstmittel der Scheinreprise machte eine weitere Wiederholung möglich, und mit der richtigen Reprise kehrt das Thema mit rhythmisch beschleunigter Begleitung wieder. Das Seitenthema besteht aus nachdrücklich gegen den Takt gespielten halben Noten, die von der Einstimmigkeit ausgehend einen rein akkordischen Satz aufbauen, der durch die Klarheit seiner wunderbaren Harmonien bezaubert. Das Adagio cantabile 3/4 in A-Dur ist eines der freundlich-innigsten. Sein wieder dreiteiliger Aufbau A B A' nähert sich durch seine Feinstruktur der Rondoform. Die beiden prägnanten Anfangsmotive des Allegretto-Menuetts, das erste in Viertelnoten-Sprüngen mit kurzen Halbton-Vorschlägen von unten, das andere in aufsteigenden Achtelnoten-Tonleitern, werden im zweiten Teil abwechslungsreich verarbeitet. Das d-moll-Trio setzt die Achtelnotenbewegung fort und kontrapunktiert sie mit einem chromatischen Tonleitermotiv aus dem I. Satz. Das Finalrondo (Vivace 2/4) ist ein unvergleichliches Perpetuum mobile in Sechzehntelnoten, die vom Teil A nahtlos in den d-moll-Teil B übergehen, wo mit ihnen ein Fugato-Thema in Achtel- und synkopischen Viertelnoten kontrapunktiert. Das Fugato kehrt ebenso nahtlos zur Reprise von A zurück. Die atemberaubenden Verwicklungen finden ihre Auflösung in einem Staccato-Lauf in entgegengesetzten Richtungen bis zum Schlußakkord.

8. Achte Serie: Die sechs Quartette Op. 71/74 (Apponyi-Quartette) (1793)

Das *Jahrbuch der Tonkunst von Wien und Prag* schrieb 1796 über Haydns Quartette: „Dieses Gepräge eines großen Genies findet sich vorzüglich in jenen neuern Quartetten, welche er für den Hrn. Grafen von Apony geschrieben hat." Haydn hat die sechs Werke dieser Serie dem musikliebenden ungarischen Grafen Anton Apponyi gewidmet, der für einhundert Dukaten das alleinige Aufführungsrecht für ein Jahr erhielt. Die mit 1793 datierten autographen Partituren (nur das Es-Dur-Werk ist undatiert) in der Staatsbibliothek zu Berlin lagen ursprünglich einzeln in Umschlägen und wurden erst nach 1901 numeriert und in der Reihenfolge wie unten zusammengebunden. Diese entspricht den 1795–96 erschienenen Londoner und Wiener Erstausgaben, in denen die Serie in zwei Opera von je drei Werken aufgeteilt ist. Nach den Wasserzeichen im Papier des Autographs könnte die Reihenfolge der autographen Niederschrift eine andere gewesen sein: D-Dur, B-Dur (beide vielleicht schon 1792 entstanden), g-moll F-Dur, Es-Dur, C-Dur.

Man hat den Stil dieser Quartette orchestral genannt und ihn in Beziehung gebracht zu Haydns Absicht, diese Werke bei seinem anschließenden zweiten Londoner Aufenthalt in Konzerten öffentlich aufführen zu lassen. Das tat er 1794 auch, mit Johann Peter Salomon als Primgeiger, der als solcher während Haydns erstem Aufenthalt 1791/92 schon bei Aufführungen von Werken der vorigen Serie (Op. 64) tätig gewesen war. Aber im allgemeinen wirkt der Streichersatz keineswegs orchestral. Allenfalls kann man in einigen Sätzen einen etwas breiteren, quasi sinfonischen Pinselstrich bemerken. Auch sind wohl durch die Bestimmung für den Konzertsaal die kurzen, lauten Einleitungen zu jedem der sechs Quartette veranlaßt: akkordische Doppelgriffe oder Unisoni, in dem D-Dur-Quartett eine Einleitung wie zu einer der Londoner Sinfonien, nur kürzer, in dem Es-Dur-Werk ein knapper

Es-Dur-Akkord, wie ihn Beethoven später zweimal vor seiner *Eroica* bringen sollte; Haydn läßt seinem einzigen Akkord eine Generalpause folgen. Mit den „Apponyi-Quartetten" erfahren Haydns Quartette eine Umfangssteigerung. Am bedeutendsten sind die drei letzten Quartette.

(54) Op. 71 Nr. 1 (Hob. III: 69) B-Dur. Das großflächig gestaltete Allegro C lebt von dem Kontrast des Gesangsthemas und eines rein klanglichen Abschnitts. Das melodisch schlichte, aber harmonisch farbige Adagio 6/8 in F-Dur hat wie mehrere langsame Sätze in der vorangegangenen Serie die Form A B A'. Dem dunklen Legato-Klang des Allegretto-Menuetts mit seinem Rhythmus in Viertelnoten steht der helle Staccato-Klang des Trios mit seinem Rhythmus in Achtelnoten gegenüber. Durch das Finale (Vivace 2/4) geht ein großer Atem; ein Gedanke entwickelt sich aus dem anderen, angefangen von dem leichten Hauptthema bis zu dem Epilogthema und seiner schweren Begleitung von rustikalen Doppelgriffen in Synkopen nebst Murky-Baß.

(55) Op. 71 Nr. 2 (Hob. III: 70) D-Dur. Das Hauptmotiv im I. Satz (Allegro C) ist ein bereits in den ersten Tönen der Adagio-Einleitung angedeuteter Oktavsprung abwärts, der nacheinander in allen Stimmen, vom Vc bis zur V 1 im Dreiklang aufsteigend, erklingt und auf die mannigfaltigste Weise verarbeitet wird. Dem Hörer wird jedoch auch ein hübsch kontrastierendes Seitenthema geboten. Besonders schön in dem kantablen Adagio 3/4 in A-Dur ist nach dem E-Dur-Schluß des ersten Teils der klangvolle Beginn eines überleitungsartigen Teils in der tiefsten Lage der terzverwandten Tonart C-Dur. Das springlebendige Allegro-Menuett begann ursprünglich mit Takt 2, einem von der Quinte aufsteigenden Tonika-Vierklang in der V 1. Dadurch zählten alle drei Perioden neun Takte. Dann fügte Haydn am Anfang einen Takt für das Vc mit einem von der Tonika absteigenden Vierklang hinzu. In dem besinnlichen Trio kontrapunktiert ein Sekundschritt aus zwei unbetonten Viertelnoten einem Cantus firmus aus punktierten halben Noten und wandert dabei elegant durch alle Stimmen und Register. Das Finalrondo (Allegretto 6/8) be-

ginnt mit stakkatierten Achtelnoten, zeigt sein wahres Temperament, sobald Sechzehntelnoten hinzukommen, und schließt
im Allegro.

(56) Op. 71 Nr. 3 (Hob. III: 71) Es-Dur. Das Hauptthema
im I. Satz (Vivace 2/4) enthält mit einem Abschluß-Motiv aus
drei im Unisono wiederholten Achtelnoten einen fruchtbaren
Keim, der schon im Thema selbst zu echoartig auf verschiedenen Tonstufen erklingenden Wiederholungen entwickelt und
später z. B. für eine orgelpunktartige Mittelstimme im zweiten
Seitenthema genutzt wird. Das Andante con moto 2/4 in B-
Dur, das in seiner Form zwischen Doppelvariation und Rondo
schwankt, ist vielleicht der bemerkenswerteste Satz. Eine
„staccato assai e piano", beim zweiten Mal „pianissimo" bezeichnete Stelle ohne Vc mit lauter Sechzehntelnoten in höchster Lage hat einen außergewöhnlichen klanglichen Effekt. Im
Trio fallen die satztechnisch einfachen, aber klanglich reizvollen Schlußphrasen auf, im Rondofinale (Vivace 6/8) die brillanten kontrapunktischen Züge.

(57) Op. 74 Nr. 1 (Hob. III: 72) C-Dur. Das schöne Hauptthema erfährt im Laufe des I. Satzes (Allegro C) mannigfaltige
Umgestaltungen und dient in der Reprise ähnlich wie in
Op. 50, C-Dur, zu einem kleinen Quintkanon. Bezaubernd ist
eine Modulation von C-Dur nach As-Dur mit Hilfe der halben Noten des Themenkopfes. Der Charme des Andantino
3/8 beruht auf seinen locker gefügten Melodien und einem
nachdenklichen Augenblick in der Reprise. Das Allegro-
Menuett verbindet Wohlklang mit rhythmischen und harmonischen Feinheiten, bei der Wiederkehr des Themas auch mit
einem feinen Kontrapunkt. Das Trio steht in der mit C-Dur
terzverwandten Tonart A-Dur; die schubertisch mit der Oktave und der Unterterz begleitete Melodie kehrt mit einer Coda
zäsurlos ins Menuett zurück. Das Finale (Vivace 2/4) bietet
eines der schönsten Beispiele von Haydns immer wieder gerühmter Kunst, Gelehrsamkeit mit Volkstümlichkeit aufs wirkungsvollste zu verbinden und sowohl den Kenner wie auch
den Liebhaber zufrieden zu stellen. Fugatos erfreuen den
Kenner, synkopische oder exotisch gefärbte Melodien, die von

Murky-Bässen oder Bordunen begleitet sind, den Liebhaber. Am Schluß der rondoartig erweiterten Reprise triumphiert laut die populäre Partei mit einem mehrstimmig dröhnenden Bordun und vollen Doppelgriffen im tiefsten C-Dur-Dreiklang.

(58) Op. 74 Nr. 2 (Hob. III: 73) F-Dur. Ingeniös sind die ganzen Noten Des-E, mit denen Haydn in dem I. Satz (Allegro spiritoso ¢) leise die Wiederholung der Exposition einleitet. Beim Übergang in die Durchführung verwandelt er sie in die Schreibweise Cis-E, um das überraschende A-Dur vorzubereiten, in dem das Thema jetzt erscheint, und vor der Reprise in den diatonischen Sekundschritt D-E, dem sich F, der erste Ton des Themas, ganz natürlich anschließt. Das Andante grazioso 2/4 besteht aus zwei Variationen über ein mozartisch anmutendes Thema und schließt als freie Variation einen kurzen b-moll-Mittelteil sowie eine Coda ein. Das kraftvoll aus der Tiefe nach oben strebende Thema des Menuetts endet mit einem Motiv von stufenweise absteigenden Achtelnoten. Köstlich der Augenblick, wenn dieses Motiv vom unbegleiteten Vc in Gegenbewegung nach oben geführt wird. Ebenso köstlich im Epilog die Wiederaufnahme des Anfangsmotivs, nun mit Pizzicato-Begleitung. Das in der großen Unterterz Des-Dur stehende Trio schlägt romantische Töne an: Es beginnt in den drei tief liegenden Unterstimmen leise wie das erinnerungsvolle Summen eines Ländlers, den dann in hoher Lage die erste Geige mit einer Girlande aus Achtelnoten überglänzt. Eine zum Halbschluß der Tonika F-Dur zurückmodulierende Coda, in der die Girlande vom Vc übernommen wird und in die Tiefe sinkt, läßt diese Stimmung ausklingen, bevor das Menuett wiederkehrt. Auf die rondomäßige Fröhlichkeit des von Achtelnoten bestimmten Final-Prestos 2/4 wirft eine leise Moll-Episode mit Akkorden in halben Noten und pochendem Baß wiederholt einen Schatten. Bei der Schlußwendung scheint das 22 Jahre früher entstandene Finale aus Op. 17, D-Dur, in Haydns Erinnerung aufgetaucht zu sein.

(59) Op. 74 Nr. 3 (Hob. III: 74) g-moll. Das beliebteste Werk dieser Serie wird wegen der aufspringenden Oktaven

seines energischen Anfangs, der fast andauernden Achteltriolen im I. Satz (Allegro 3/4) und der galoppierenden Synkopen des Schlußsatzes „Reiterquartett" genannt. Die Einleitung ist diesmal in die Exposition integriert und wird mit ihr wiederholt; sie spielt auch in der Durchführung eine wichtige Rolle. Das Hauptereignis ist der Eintritt des Seitenthemas in B-Dur, einer schwungvollen Tanzmelodie. Ihr dient der fast melodielose Hauptsatz mit seinem Gewoge der Achteltriolen, die ihr als Untermalung dienen werden, als kunstvolle Vorbereitung. In der Reprise wird aus B-Dur gemäß der uns schon bekannten „Beleuchtungsregie" nicht g-moll, sondern G-Dur. Das tiefsinnige Largo assai ¢ steht in E-Dur. Diese Tonart ist terzverwandt mit der Tonart G-Dur, in welcher der I. Satz endet und das nachfolgende Menuett beginnt. Das Largo, das 1794 bei der ersten Aufführung in London Sensation machte, arbeitet mit farbigen Harmonien und starken dynamischen Kontrasten, an einer Stelle sogar mit dem orchestralen Mittel des Tremolos, bleibt aber immer der Intimität des Quartettstils verbunden. Dafür sorgt schon die V 1 mit ihren kleinen Verzierungen, besonders in dem A'-Teil der A B A'-Form. Das Menuett in G-Dur mit einem Trio in g-moll schafft einen ausgleichenden Übergang zwischen der erhabenen Stimmung des Largos und dem teils wild dahinstürmenden, teils tänzerisch beschwingten g-moll-Finale (Allegro con brio C), das in der Reprise die endgültige G-Dur-Aufhellung und vor der Kadenz eine kunstvolle Episode im vierfachen Kontrapunkt bringt.

9. Neunte Serie: Die sechs Quartette Op. 76
(Erdödy-Quartette) (1797)

Die neunte und letzte Serie von sechs Quartetten entstand
1797, im gleichen Jahr wie Haydns *Schöpfung*, teilweise vielleicht schon 1796. Der schwedische Gesandschaftssekretär
Frederik Samuel Silverstolpe, der sich 1796–1803 in Wien
aufhielt, berichtete am 14. Juni 1797 seinen Eltern brieflich:
„Vor einigen Tagen war ich wieder bei Haydn [...] Bei dieser
Gelegenheit spielte er mir auf dem Clavier vor, Violinquar-
tette, die ein Graf Erdödi für 100 Ducaten bei ihm bestellt
hat und die erst nach einer gewissen Anzahl von Jahren gedruckt werden dürfen. Diese sind mehr als meisterhaft und
voll neuer Gedanken. Während er spielte, ließ er mich neben
ihm sitzen und beobachten, wie er die Stimmen in der Partitur
eingeteilt hat."[1] Wahrscheinlich hat Graf Joseph Erdödy die
Originalhandschrift erhalten; sie ist nie wieder zum Vorschein
gekommen. Haydn hatte aber Abschriften behalten. Als im
Sommer 1799 die Frist für Erdödys alleinigen Besitz der Werke offenbar abgelaufen war, erschien die Serie in London und
Wien in zwei Lieferungen von je drei Quartetten, in der unten
angegebenen Reihenfolge. Haydn zählte die Quartette einheitlich von Nr. 1 bis 6, denn in einem Brief vom 12. Juli
1799 an Artaria nennt er das D-Dur-Quartett das fünfte
und das Es-Dur-Quartett das letzte. Der mit Haydn befreun-
dete Musikhistoriker Charles Burney berichtete dem Komponisten in einem Brief vom 19. August 1799 aus England
über die Quartette Op. 76 Nr. 1–3: „Ich habe durch Instrumentalmusik niemals mehr Vergnügen empfunden: sie sind
voller Erfindung, Feuer, gutem Geschmack und neuen Effek-
ten und scheinen die Hervorbringung nicht eines erhabenen
Genius, der schon so vieles und gutes geschrieben hat, zu
sein, sondern eines solchen von hoch kultivierten Talenten,

---

[1] C.-G. Stellan Mörner: Johan Wikmanson und die Brüder Silverstolpe
(Stockholm 1952), 318.

der vorher noch nichts von seinem Feuer ausgegeben hatte." Die Nachwelt stimmt mit den Urteilen Silverstolpes und Burneys überein, wie die große Wertschätzung aller sechs Quartette zeigt.

(60) Op. 76 Nr. 1 (Hob. III: 75) G-Dur. Der I. Satz (Allegro con spirito ¢) beginnt als einziger dieser Serie mit einer kleinen Einleitung, wahrscheinlich weil anschließend das Vc allein das Hauptthema vorzutragen beginnt und die Va es solo fortsetzt. Später erweist sich diese Melodie als zu kontrapunktischer Bearbeitung bestens geeignet. Haydn erfreut uns aber auch mit rein klanglichen und akkordischen Einfällen und besonders einer entzückend einfachen Melodie am Schluß des Seitensatzes. Das feierliche Thema des Adagio sostenuto 2/4 in C-Dur wechselt viermal ab mit einem Abschnitt in Sechzehntel- und Zweiunddreißigstelnoten, in welchem Vc und V 1 ernst miteinander dialogisieren. Dreimal geht dieser Dialog in eine lange Tonfolge über; die V 1 spielt sie staccato und in einem ausgeschriebenen Tempo rubato, immer synkopisch um ein Zweiunddreißigstel verspätet, und steigt zweimal bei der anschließenden Kadenz solistisch in höchste Höhen auf. Den dialogischen Epilog beschließt im tiefsten Register das Vc. Das Presto-Menuett mit seinem *ff*-Ausbruch bei den repetierten Achtelnoten am Schluß jedes Teils ist ein Scherzo im Beethovenschen Sinne und von unwiderstehlichem Elan. Dagegen zeigt das Trio mit dem Filigran der V 1 und der Pizzicato-Begleitung der übrigen Instrumente noch ganz Haydns Liebenswürdigkeit. Das Finale (Allegro ma non troppo ¢) beginnt Haydn überraschend in g-moll, um die von ihm mehrfach in Quartetten in Moll erprobte Wirkung der Aufhellung von Moll zum gleichnamigen Dur auch in einem Quartett einzuführen, das in Dur steht. Die Aufhellung des melodisch abgewandelten Themas geschieht „dolce" mit „mezza voce"-Begleitung. Zum Schluß bekommen wir eine Extrabelohnung: Wenn wir eigentlich nur noch den letzten Akkord erwarten, erklingt statt dessen nach einer Generalpause *p* eine vorher noch nicht gehörte, obgleich mit dem Thema verwandte, reizende Melodie. Sie wird wie im

Trio pizzicato begleitet und nach einer mit Aplomb gespielten Kadenz zu unserer grenzenlosen Freude *pp* wiederholt, bevor das Stück *ff*, wie von rauschendem Beifall begleitet, zuende geht.

(61) Op. 76 Nr. 2 (Hob. III: 76) d-moll. Den Höhepunkt der thematischen Arbeit in Haydns Quartettschaffen bildet der I. Satz des berühmten „Quintenquartetts". In allen Sätzen spielt das Quintintervall mehr oder weniger eine Rolle. In seiner elementaren Gestalt bestimmt es das Thema des Eingangssatzes (Allegro C): In halben Noten steigt die Quinte von der V. Stufe zur I. und anschließend von der II. zur V. ab (A-D-E-A). Die Art, wie die Quinte im folgenden transponiert, umgekehrt, bald von dem einen, bald von dem anderen Instrument vorgetragen, imitiert, kontrapunktiert, durch die Harmonisierung immer wieder anders beleuchtet und in kleinere Notenwerte oder andere Intervalle verwandelt wird, läßt niemals den Eindruck des Zwanghaften oder Berechneten entstehen und führt zu tiefen ausdrucksmäßigen Wirkungen. Das Andante o più tosto Allegretto 6/8 bringt einen entspannenden Kontrast durch seine einschmeichelnde, „mezza voce" mit abwechselnder Pizzicato- und Legato-Begleitung vorgetragene D-Dur-Melodie, die nach einem das Thema ganz frei variierenden, tonartlos durch b-Tonarten modulierenden Mittelteil elegant verziert wiederkehrt. Der Gedanke, das folgende Menuett (Allegro [ma non troppo]), volkstümlich „Hexenmenuett" genannt, als Kanon zu gestalten, war an sich nicht neu; das beweisen Haydns frühe Sinfonien Nr. 3 und 44. Die Instrumentierungsweise, V 1 mit V 2 die obere und Va mit Vc die untere Stimme komplett in Oktaven spielen zu lassen, kennen wir aus den frühen Quartettdivertimenti (s. S. 31). In diesem *f* gespielten d-moll-Kanon steht die Kombination beider Techniken im Dienst eines Ausdrucks von urzeitlicher Größe. Das in manchen Ausgaben und Interpretationen übergangslos, in anderen nach einer Zäsur sich anschließende Trio scheint anfangs den Kanon fortzusetzen, indem in den Violinen staccato und *p* Oktavwiederholungen in Viertelnoten erklingen. Aber dann vervollständigt sich der Klang zum vier-

stimmigen d-moll-Akkord, der crescendo in laut hämmernde D-Dur-Akkorde übergeht, von denen sich die V 1 mit einer eigenen Melodie in Achtelnoten ablöst. Im zweiten Teil klettert sie am Schluß *p* hinauf zum viergestrichenen D, um sich anschließend mit der V 2 energisch in die Wiederholung des Kanons zu stürzen. Das Finale (Vivace assai 2/4) bringt trotz seiner d-moll-Tonart erneut Entspannung, schon durch sein mit tänzerischen Synkopen durchsetztes Hauptthema, dessen erster Teil mit einer Quinte aufwärts schließt: der erste Ton lang gezogen, der zweite mit Portamento zu spielen. Weiter sorgen Dudelsack-Episoden, groteske Melodiesprünge und andere Mittel aus Haydns Arsenal für angemessene Heiterkeit. Am Schluß erscheint das Hauptthema pianissimo und mit einer freundlichen Musette-Begleitung in D-Dur. Insgesamt ähnelt der Tonartenplan in diesem Werk dem Quartett Op. 64, h-moll.

(62) Op. 76 Nr. 3 (Hob. III: 77) C-Dur. Der Esterházysche Beamte Carl Rosenbaum, ein guter Bekannter Haydns, notierte in seinem Tagebuch am 28. September 1797 über einen Empfang des ungarischen Palatins im kleinen Saal des Eisenstädter Schlosses: „Neue Quartetten von Haydn, nach dem Lied, *Gott erhalte Franz den Kaiser,* wurden gemacht." Vielleicht war das die förmliche Uraufführung. Im I. Satz (Allegro C) wechseln in klarer Gliederung und wirksamem Kontrast verschiedene Klangbilder miteinander ab. Die thematischen Abschnitte neigen zu kontrapunktischer Bearbeitung. Der erste Kontrapunkt, ein scharf punktierter Rhythmus, verselbständigt sich und wird zusammen mit einem stützenden Bordun im Vc zu einem dieser Klangbilder. Der Bordun, der uns sonst eher in Finalsätzen begegnete, erlebt in der Durchführung seine Apotheose: Das Vc spielt zehn Takte lang in halben Noten, jede von ihnen *fz* betont, die Quinte E-H in der großen Oktave, die Va ahmt dies eine Oktave höher jeweils im Abstand einer Viertelnote nach, so daß die Doppelgriffe beider Instrumente sich immer zeitlich überschneiden, als wenn zwei Dudelsäcke spielten. Darüber spielen V 1 und 2 in Oktaven das mit Synkopen gewürzte Kopfmotiv, das sich mit dem

punktierten Rhythmus fortsetzt. Offenbar ein Bild aus der Pußta. Eine Besonderheit ist die Tempovorschrift vor der Schlußgruppe der Reprise: „la seconda volta più presto" (bei der Wiederholung des zweiten Teils schneller), um die Schlußwirkung zu steigern. Wenn das „Kaiserquartett" das berühmteste Haydn-Quartett ist, dann wegen des Poco Adagio, cantabile ¢ mit seinen Variationen über Haydns im Januar 1797 fertiggestellte Hymne, die heute mit anderem Text als die deutsche Nationalhymne gesungen wird. Zum ersten und letzten Mal nach langen Jahren kehrt Haydn hier zu der ausdrücklichen Bezeichnung und Numerierung der einzelnen Abschnitte als Variationen zurück. Die streng beibehaltene Melodie wandert als Cantus firmus durch die vier Instrumente. Das Thema erklingt vierstimmig, mit der Melodie in der V 1. Die erste Variation ist ein Violin-Duo: V 2 spielt die Melodie, V 1 kontrapunktiert mit reichen Figurationen in Sechzehntelnoten. In der zweiten Variation begleiten und kontrapunktieren V 1 und 2 in ruhiger, teils synkopischer Bewegung die vom Vc vorgetragene Melodie; wo Baßnoten gebraucht werden, steuert die Va sie bei. In der dritten Variation übernimmt die Va die Führung, und V 1 und 2, bald V 2 und Vc, bald V 1 und Vc, bald alle drei Begleitinstrumente kontrapunktieren. Die vierte und letzte Variation, nun wieder wie das Thema vierstimmig und mit führender V 1 gespielt, beginnt wehmütig in e-moll und schließt in G-Dur. Die überirdischen Klänge beim Abgesang, wenn die V 1 zweimal vom dreigestrichenen G herabschwebt, von den anderen Instrumenten in hoher Lage begleitet, sind in ihrer Reinheit und Inbrunst wohl nie übertroffen worden. Nach diesem erhabenen Satz wirkt das Allegro-Menuett ein wenig äußerlich; wenigstens ist das Thema unregelmäßig aus 5 + 7 Takten aufgebaut. Das Trio wahrt das Decorum mit seinem Wechsel von a-moll zu A-dur und zurück zu a-moll. Auf anderen Weise tut dies das Finale (Presto ¢) durch seinen in dem G-Dur-Werk erprobten Beginn in der Mollvariante. Die Wiederkehr des Es-Dur-Seitenthemas in C-Dur erfolgt spät und mischt am Schluß subdominantische und Molltöne ein.

(63) Op. 76 Nr. 4 (Hob. III: 78) B-Dur. Im I. Satz (Allegro con spirito C) hat Haydn dem Prinzip der Monothematik eine besonders schöne Variante abgewonnen: Im Hauptthema mit seinen 6 + 6 Takten steigt über einem in der Tiefe ruhenden Akkord der Begleitstimmen die V 1 gesanglich und legato in die Höhe, weshalb das Quartett im englischen Sprachraum „The Sunrise" genannt wird; in der Nach-Wagner-Epoche sprach man vom „Tannhäuser"-Quartett, weil die Melodie „Freudig begrüßen wir die edle Halle" daran anklingt. Im Seitenthema mit seinen 4 + 4 Takten steigt das Vc mit einer rhythmisch ähnlichen Melodie unter einem in der Höhe schwebenden Begleitakkord in die Tiefe. Sonst lebt dieser klangvolle Satz von dem Gegensatz des lyrischen Themas zu brillantem Figurenspiel und zu einem neckischem Epilogthema in der Hoquetus-Manier, bei der sich die Instrumente abwechselnd einzelne Töne zuwerfen. Das Es-Dur-Adagio 3/4 beginnt mit schlicht harmonisierten 2 + 2 Takten, die mit Fermaten auf an- und abschwellenden Noten enden und wie Choralzeilen klingen. Dieses Gebet wird in immer neuen Wandlungen vorgetragen und mehrfach von zartem Figurenspiel der V 1 und des Vc abgelöst. Wenn später die Choralmelodie eine Oktave höher in der V 1 anhebt, von einem einzelnen, gezupften tiefen Es des Vc sanft gestützt, treten nach und nach die Begleitstimmen imitierend hinzu, so daß wieder neue Harmonien entstehen, während die Melodie wunderbar sequenzierend in die Höhe steigt. Die verklärte Stimmung bleibt auch im Abgesang erhalten und wandelt sich nach einem dreimaligen Absinken zu stiller Ergebenheit. Das Allegro-Menuett schließt sich diesem Satz mit seinen kräftigen Harmonieschritten über einem in der Tonleiter absteigenden Baß würdig an. Der ruhende Akkord des Haupt- und Seitenthemas aus dem I. Satz kehrt in dem nahtlosen Übergang zum Trio als ein langer Halteton zurück, über dem eine von V 1 und 2 in Oktaven gespielte, vielleicht ungarische Melodie herabsteigt, deren Vordersatz in B-Dur und deren Nachsatz in „natürlichem" b-moll (äolisch) steht:

Das anfängliche Tempo des B-Dur-Finalrondos (Allegro ma
non troppo ¢) beschleunigt sich gegen Schluß (più allegro),
wenn die Bewegung fast nur noch in Achtelnoten strömt, wo-
bei sie in einem Non plus ultra durchbrochener Arbeit von einem Instrument in das andere wechselt. Mit der Zeit mischen
sich da und dort zwei sparsame Begleitnoten ein, bis kurz vor
dem più presto-Einsatz des vereinfachten Themas die Vierstimmigkeit wiederhergestellt ist und der Satz wie in einem
Taumel zuende geht.

(64) Op. 76 Nr. 5 (Hob. III: 79) D-Dur. Die locker gefügte
Form des I. Satzes (Allegretto 6/8) klingt nach freien Variationen, hat aber auch etwas von einer symmetrischen Form mit
einem Moll-Mittelteil an sich und endet mit einem Allegro, in
welchem ständig in irgendeiner Stimme der Themenkopf erklingt und von anderen Stimmen mehr oder weniger kontrapunktiert wird, bis eine wie Champagner prickelnde Kadenz
aus 7 + 7 + 7 Takten den Schluß macht. Offenbar sollen wir
nur angenehm unterhalten, aber nicht zu stark in Anspruch
genommen werden, denn es kommt auf den nächsten Satz an,
das berühmte Largo [ma non troppo], cantabile e mesto
[traurig] ¢ in der terzverwandten Tonart Fis-Dur. Wunderschön ist das zweite Erscheinen der Melodie in hoher Lage in
E-Dur, geradezu brucknerisch ihre Verwandlung durch die Va
in G-Dur. Dann wendet das Vc die Melodie nach fis-moll, bevor die V 1 sie wieder in ihrer ursprünglichen Gestalt in Fis-
Dur spielt. In dem anschließenden Menuett (Allegro [ma non
troppo]) wird die Schlußwendung aus zwei Achtelnoten in der
Höhe und einer Viertelnote in der Tiefe nach dem Doppelstrich auf verschiedenen Tonstufen so hartnäckig wiederholt
und von den Begleitakkorden auch so betont, daß eine Kette
von 2/4-Takt erklingt. Dieses Spiel wiederholt sich am Ende,
wenn das hartnäckige Motiv vom Vc aufgegriffen wird. Im

d-moll-Trio ist der Klangeindruck des mit Achtelnotengängen einsam in düsterer Tiefe umherirrenden Vc ganz eigentümlich. Das Presto-Finale 2/4 beginnt dreist mit einer kurzen D-Dur-Schlußkadenz aus Dominant- und Tonika-Akkord, die sich nach einer Pause wiederholt und nach einer weiteren Pause noch dreimal wiederholt. Das klingt wie ein Tusch zur Begrüßung des Themas: eines ähnlichen Drehtanzes wie im Finale des „Vogelquartetts" aus der vierten Serie. Das Thema hat zwei Elemente: erstens eine in Achtelnoten wiederholte leere Quinte D-A, die zwei Takte lang in den Mittelstimmen als Vorspiel und dann acht Takte lang als Begleitung erklingt, zweitens die zu dieser Begleitung in engen Schritten im Raum einer Quinte sich drehende Melodie aus Achtel- und Sechzehntelnoten, zuerst in der V 1, dann im Vc köstlich als Baß. Wieder erklingt der Tusch und moduliert zur Dominante, wieder erklingen die leeren Quinten, nun als A-E, und wieder dreht sich die Melodie in der V 1, dann im Vc. Die Harmonik wird komplizierter, die Melodie beweglicher, Läufe schließen sich an, die bis ins viergestrichene E hinaufführen, und mit kadenzierenden Akkorden geht die Exposition ohne Doppelstrich zuende. Nach einem ausgedehnten Trugschluß in B-Dur, der eine Art Durchführung eröffnet, winkt uns das Thema bald in B-Dur, bald in c-moll, bald in d-moll zu. Dann werden die beiden Elemente des Themas geistreich verarbeitet, bis der anfängliche Tusch mit den rollenden Sechzehntelnoten des Themas kombiniert wird, um einer abgeänderten Reprise Platz zu machen, die uns in ausgelassenster Stimmung mit dem Anfangstusch, der jetzt seinen angestammten Platz gefunden hat, und mit zwei abschließenden Akkorden in Doppelgriffen entläßt. Bemerkenswert sind die frei einsetzenden Dissonanzen, mit denen die wiederholten Quinten im Lauf des Satzes dann und wann angereichert werden:

(65) Op. 76 Nr. 6 (Hob. III: 80) Es-Dur. Das eher intellektuelle als um Volkstümlichkeit bemühte Werk beginnt mit einem Variationensatz (Allegretto 2/4). Das Thema besteht aus dem melodischen Bogen der abgewandelten Wiederholungen eines viertönigen Motivs, das eigentlich nur durch die weihevolle Harmonisierung, den pointierten Rhythmus und die wechselnde Dynamik bedeutend wird. Die vierte Variation besteht aus einem Allegro-Fugato, dem wie eine freie Coda eine Wiederholung des größten Teils der dritten Variation in dem neuen Tempo folgt. Philosophisch mutet das von Haydn „Fantasia" genannte Adagio 3/4 an. Es beginnt ohne Tonartvorzeichnung in der enharmonischen großen Unterterz H-Dur, mit einem acht Takte zählenden, ganz ähnlich wie das Adagio des B-Dur-Werks beginnenden Lied, das in enger Lage klangschön instrumentiert ist. Bei der *pp* gespielten Wiederholung weicht es am Schluß mit einem Crescendo nach cis-moll aus. Die V 1 beginnt *p* mit einer einsamen Suche in Gängen von Achtelnoten, die sich nach oben schrauben, und stößt wieder auf das Thema, das jetzt leise in E-Dur erklingt, am Schluß aber in energischem Fortissimo nach G-Dur ausbricht. Nun begibt sich das Vc auf die Suche und trifft das Thema in B-Dur an, von wo es enharmonisch und *pp*, schließlich „più forte" nach H-Dur zurückkehrt, aber mit kontrapunktischen Imitationen weitermoduliert, in chromatischen Akkorden steckenbleibt und in As-Dur wieder anfängt und schließt. Erneut macht sich das Vc auf den Weg nach oben und trifft das Thema tatsächlich in H-Dur an, wo es von nun an zu Hause ist, weshalb jetzt die Tonart H-Dur als bleibend vorgezeichnet wird. Zwar löst sich der Nachsatz des Liedes in ein ruhig fließendes Fugato auf, das auch nahe verwandte Tonarten berührt; aber nichts gerät mehr außer Kontrolle, wir sind und bleiben in dem Himmel von H-Dur; die Achtelnoten der irrenden Sologänge haben sich in Kontrapunkte verwandelt, und alles klingt wie nach Musik von Johann Sebastian Bach. Dann löst sich der Satz in einen Abschied nehmenden Epilog auf, in den sich zarteste Dissonanzen einmischen. Einige Freiheiten der enharmonischen Notierung, die Haydn sich den

Spielern zuliebe nimmt (was er in der zweiten und dritten Serie nicht tat), entschuldigt er mit der Beischrift „col licenza". Das scherzohafte Presto-Menuett spielt aufs wirkungsvollste mit Sprüngen, Tonleitern und anderen einfachen Elementen. In der Begleitung des Themas fallen die einzelnen Akkordschläge auf der Zwei des Dreiertaktes auf. Für das „Alternativo", wie er hier das Trio mit seinen diesmal ausgeschriebenen Wiederholungen nennt, benutzt er wieder, eine alte kontrapunktische Tradition zu ihrem künstlerischen Höhepunkt führend, an sich wertloses Material: die ruhig auf- und absteigende Tonleiter. Aber wie wertvoll wird sie an dieser Stelle, wenn sie, als Cantus firmus zuerst vom Vc allein vorgetragen, durch die verschiedenen Stimmen wandert und von köstlichen Kontrapunkten umspielt wird. Es ist, als ob man zum ersten Mal mit Bewußtsein eine Tonleiter hörte. In dem wie atemlos einsetzenden Finale (Allegro spiritoso 3/4) wirkt die Es-Dur-Tonleiter weiter, denn das Thema besteht aus Tonleiterbruchstücken in staccato vorgetragenen Achtelnoten. Die Taktstruktur der aus diesen Bruchstücken zusammengesetzten Melodie wird durch bewußt „falsch" placierte, an das Menuett erinnernde Begleitakkorde verwirrt. Das Thema wird dann zu komplizierten kontrapunktischen Engführungen benutzt, zwischen denen rhythmisch und satztechnisch einfachere Passagen gelegentlich für Erholung sorgen. Die größte, an Beispiele in Haydns früheren Quartetten anknüpfende rhythmische Komplikation bringt die Durchführung, wenn die V 1 bei ihrer freien, ununterbrochenen Fortspinnung des Hauptmotivs scheinbar den Takt vergißt, während die übrigen Streicher mit ihren gelegentlichen Begleitakkorden unregelmäßig einfallen. Nach einem auskomponiertem Ritardando und einer deutlichen Zäsur beginnt eine Scheinreprise in As-Dur. Den nach neuen kontrapunktischen Verwicklungen unauffällig in einer Achtelnotenkette erfolgenden Eintritt der richtigen Reprise auf schwachem Taktteil würde man in der Partitur kaum bemerken, wenn Haydn ihn nicht mit einem *fz* bezeichnet hätte, das man allerdings selten hört.

10. Die letzten Quartette

a) Die zwei Quartette Op. 77 (Lobkowitz-Quartette) (1799)

Die autographen Partituren von Op. 77 in der Esterházy-Sammlung der Nationalbibliothek in Budapest sind 1799 datiert. Die beiden Quartette entstanden vor dem 13. Oktober, falls sie die Quartette waren, die Rosenbaum an diesem Tage im Eisenstädter Schloß hörte. Sie waren die ersten von geplanten sechs. In einer Korrespondenz aus Wien vom 24. März 1799 hieß es in der Leipziger *Allgemeinen musikalischen Zeitung*, Haydn schreibe jetzt „sechs neue Quartetten für den Ungarischen Grafen K."[1] Vermutlich waren dies die gleichen Quartette, von denen Griesinger am 4. Juli 1801 an Breitkopf & Härtel schrieb: „Haydn macht jetzt sechs Quartette für den Fürsten Lobkowitz", und am 24. Juli 1801: „Die sechs Quartette die Haydn für Lobkowitz komponirt hat, sind des letzteren Privateigentum und Haydn wird gut dafür bezahlt. Jetzt sind erst vier davon fertig; vielleicht kann Haydn nach Jahr und Tag [also nach Ablauf der Frist für die Privatnutzung] darüber disponiren." Das waren größtenteils Zukunftshoffnungen. Am 20. Januar 1802 berichtigte Griesinger seine frühere Mitteilung, indem er schrieb, daß von den sechs Quartetten zwei seit anderthalb Jahren fertig seien. Die Komposition der „Theresienmesse" (1799) und vor allem der *Jahreszeiten* (1799–1801) war dazwischen getreten, und danach vollendete Haydn nur noch die zwei letzten Messen für den Fürsten Esterházy („Schöpfungsmesse" 1801 und „Harmoniemesse" 1802). Der im Juli 1801 neunundsechzigjährige und seit 1800 kränkelnde Haydn hatte die Kraft nicht mehr, die er benötigte oder die er für nötig hielt, um wenigstens noch ein drittes Quartett zu vollenden. Im Herbst 1802 erschienen die vorliegenden zwei Werke mit Widmung an Fürst Franz Joseph Maximilian Lobkowitz im Druck. Seit 1803 wurden sie auch in Arrangements für Flöte (oder Violine) und Klavier ohne die

---

[1] I, Nr. 28 (10. April 1799), 446.

Menuette verbreitet. Diese Arrangements hielten später manche irrtümlich für die Originalfassungen; aber sie stammen nicht von Haydn, sondern von dem Leipziger Musiker August Eberhard Müller.

(66) Op. 77 Nr. 1 (Hob. III: 81) G-Dur. Das Werk beginnt mit einem Allegro moderato, einem herzerfrischenden Allabreve-Marsch von mitreißendem Rhythmus und unwiderstehlichem Humor. Wenn im zweiten Takt der Durchführung, die in h-moll ohne Terz beginnt, alle Stimmen einen Halbton höher rücken und unisono und *ff* eine ganze Note C spielen, im tiefst möglichen Register, das Vc mit sonorem Doppelgriff, dann ist die komische Wirkung im begrenzten Rahmen des Quartetts nicht geringer als in der *Schöpfung* bei der Stelle: „Den Boden drückt der Tiere *Last*". Zu der souveränen Freiheit, mit der Haydn diesen Satz gestaltet, gehört in der Reprise das Auslassen des Seitenthemas, da es in der Durchführung ausgiebig zu Wort gekommen ist. Das Adagio ¢ in Es-Dur ist sicherlich eines der tiefsten, die Haydn geschrieben hat. Das großartige Hauptmotiv, das zuerst im Unisono aller Instrumente auftritt, erscheint bald in der V 1, bald in der Va, bald im Vc in immer wieder neuer klanglicher und harmonischer Gestalt. Mit dem Presto-Menuett begegnet uns ein äußerst vitales Scherzo, dessen Melodie in der V 1 in wenigen Takten von dem tiefsten G bis in die höchsten Lagen springt. Die Wiederholung des ersten Teils ist ausgeschrieben, um die Bewegung in den Begleitstimmen steigern zu können. Die Wiederholung des zweiten Teils geht mit Trugschluß unmittelbar in das „forte assai" beginnende Es-Dur-Trio über. Von dem großen Geiger Joseph Joachim wird berichtet, daß er es auf der G-Saite anfing: „Es war wie wenn ein Tiger seine Beute ergreift".[2] Das Trio leitet mit dem D-Dur-Halbschluß von g-moll ins Menuett zurück. Auf einer Art Bauerntanzmelodie mit einer kleinen Prise exotischer Chromatik beruht fast das ganze Final-Presto 2/4. Die bald gleitenden, bald springenden Anfangsnoten werden zu den kunstvollsten, aber vollkommen in dem Strom des Gan-

---

[2] W. W. Cobbett: Chamber Music, I (1929), 548.

zen aufgehenden Verarbeitungen benutzt. In der Schlußgruppe der Exposition gönnt Haydn sich und uns die Freiheit eines rein klanglichen Figurenspiels. Ein beglückendes Werk.

(67) Op. 77 Nr. 2 (Hob. III: 82) F-Dur. Den groß dimensionierten I. Satz (Allegro moderato ¢) eröffnet ein lyrisches Thema, das wunderbar verwandelt als Seitenthema wiederkehrt. Die Durchführung macht von zwei nicht-lyrischen Elementen des Hauptsatzes Gebrauch: einem Klangspiel, das Achtel- und Sechzehntelnoten gegen einander setzt, und einem zweiten Hauptmotiv, das mit staccato wiederholten Achtelnoten beginnt. Der spannendste Augenblick der Durchführung ist der, wenn das Vc mit diesen wiederholten Achtelnoten ganz allein eine enharmonische Modulation einleitet, die von es-moll nach e-moll führt. Wundervoll ist in dem scherzomäßigen Menuett (Presto [ma non troppo]) die Arbeit mit dem staccato gespielten Motiv einer mehrfach hin und herspringenden Quinte, die bereits Teil des Themas ist. Da im 3/4-Takt Wiederholungen eines Motivs aus zwei Viertelnoten stets zur Unklarheit führen, ob nicht 2/4-Takt gemeint ist, lebt das Menuett großenteils von dieser Spannung. Im zweiten Teil, vor einem Halbschluß mit Fermaten, läßt Haydn diese Quinte mit göttlichem Humor vom Vc zuerst als Begleitstimme, dann unüberhörbar solo auf seinen tiefsten Saiten, C und G, vortragen. Das im Gegensatz zu dem meist lauten Menuett pianissimo gespielte, wieder in der großen Unterterz Des-Dur stehende Trio beginnt mit einer schwärmerischen Melodie, die Jahrzehnte später Mendelssohn geschrieben haben könnte, und endet mit einer Coda, die nach dem Anfang des Menuetts zurückmoduliert und dabei drei stockende Zitate des Themenanfangs mit dem unbegleiteten, fallenden Quintschritt beantwortet, zuerst in der Va, dann in V 2 und zum Schluß wieder abgrundtief auf den leeren Saiten des Cellos. Nach F-Dur und Des-Dur eröffnet die Tonart D-Dur des III. Satzes neue Räume. Wenn dieses Quartett laut Altmanns *Kammermusik-Katalog* als dasjenige „mit Marcia in D" bezeichnet wird, so trifft diese von dem *Florentiner Quartett* gegebene Kennzeichnung zwar nicht in der Frage des Charakters (nur die letzten

Takte des Themas sind marschmäßig), aber des Tempos (Andante 2/4) das Richtige. Der Satz besteht aus drei Variationen mit offenen Ausgängen und unterschiedlich gestalteten und modulierenden Zwischenspielen, die jede Wiederkehr des variierten Themas wie in einem Rondo vorbereiten und zu einem Ereignis machen. Zuerst trägt V 1 in tiefer Lage die Melodie vor, nur vom Vc in schlichtem Kontrapunkt begleitet. Im zweiten Teil des Themas, wenn zur Abrundung der Form der Anfang der Melodie wiederholt wird, treten die übrigen Instrumente mit einer ergreifenden Harmonisierung hinzu. In der ersten Variation führt die V 2 die Melodie, von den anderen Stimmen in obligatem Satz begleitet. In der zweiten Variation übernimmt das Cello, von der Va als Baß unterstützt und von V 2 begleitet, in hoher Lage die Melodie, und die V 1 schmückt sie im frömmsten Kontrapunkt mit den rührendsten Ornamenten aus kleinsten Notenwerten. Die dritte und letzte Variation, schlicht wie das Thema, wird von Anfang an mit der Wärme und Fülle des tiefen Registers aller Instrumente begleitet. Man kann vor einem solchen Monument höchster musikalischer Kunst, wie es uns in diesem, dem II. und dem I. Satz dieses Quartetts entgegentritt, nur staunen und sich vor seinem Schöpfer in Ehrfurcht verneigen. Das Finale (Vivace assai 3/4), das mit einem langen, lauten, tiefen F-Dur-Dreiklang aller Instrumente eröffnet wird, als wenn der Vorhang zum letzten Akt aufginge, glänzt mit einer lückenlosen Kette folkloristischer, darunter polonäsenhafter Motive und einer berückenden Kunst dichtester Verarbeitung. Es fehlt ihm nur das plastische erste oder zweite Thema. Haydn schaut hier von einer Höhe, in der die Dinge alle gleich wichtig oder unwichtig werden, auf das irdische Treiben herab. Nach den Fermaten vor Schluß, wenn die V 1 in drei Ansätzen zum viergestrichenen D hinaufsteigt, während das Vc in den Pausen tief unten in Gegenbewegung antwortet, glaubt man diese Distanz deutlich zu spüren.

b) Das unvollendete letzte Quartett Op. 103 (1803)

In seinem Brief vom 4. Juli 1801 fährt Griesinger nach Erwähnung der Quartette Op. 77 für Lobkowitz fort: „und hernach will er dem Grafen Moritz Fries sechs Quintette componiren; er hat sie schon vor mehreren Jahren versprochen." Haydn tröstete den Grafen Fries für die nicht komponierten Quintette mit dem letzten halben Quartett, das er 1803 noch zu Papier brachte, nachdem er es vielleicht schon 1802 begonnen hatte. Das 1803 datierte Autograph befindet sich in Privatbesitz; Photokopien bewahrt das Photogramm-Archiv in der Musiksammlung der Österreichischen Nationalbibliothek in Wien; außerdem haben sich mehrere Skizzen erhalten. 1806, als wirklich keinerlei Hoffnung auf Vollendung mehr bestand, ließ Haydn das Fragment mit Widmung an Fries drucken. In der Erstausgabe von Breitkopf & Härtel ist auf Vorschlag Griesingers am Schluß Haydns Visiten- (eher Antwort-) Karte abgedruckt, die den Anfang seiner vierstimmigen Vertonung von J. W. L. Gleims Lied *Der Greis* zitiert: „Hin ist alle meine Kraft, alt und schwach bin ich" (in der Erstausgabe irrtümlich als „Canon" bezeichnet).

(68) Op. 103 (Hob. III: 83) [d-moll], unvollendet. Es liegen nur die beiden Mittelsätze vor. Die nicht mehr komponierten Ecksätze hätten sicherlich in der Tonart des Menuetts, also in d-moll stehen sollen. Das Andante grazioso 2/4 in B-Dur weist die Form A B A nebst Coda auf, aber mit einem tonartlich ungewöhnlichen Mittelteil B, dessen erste Hälfte in der großen Unterterz Ges-Dur steht und nach Des-Dur moduliert. Diese Tonart wird zu Beginn der zweiten Hälfte enharmonisch zu cis-moll eingetrübt. Nach Modulationen endet der B-Teil mit Halbschluß in D-Dur, worauf das mit D-Dur terzverwandte B-Dur zurückkehrt. Das ernste, stellenweise gespenstische Menuet ma non troppo presto in d-moll mit einem eher elegischen als heiteren Trio in D-Dur knüpft nicht an die Scherzosätze von Op. 77 an, sondern schaut in frühere Epochen von Haydns Schaffen zurück.

11. Zur Aufführungspraxis

a) „Originalinstrumente" und „historische" Spielweise

Haydns Quartette gehören seit 200 bis 250 Jahren zum
Musikleben. Die Frage nach ihrer „historisch" richtigen Interpretation auf „Originalinstrumenten" ist daher nicht unbe-
rechtigt. Ein allzu großer Unterschied zwischen dem damaligen und dem heutigen Streichquartettklang dürfte bei ad-
äquater Spielweise allerdings nicht bestehen und der Geist, in
welchem musiziert wird, wichtiger sein als die Frage, ob der
Geigenhals und das Griffbrett kürzer, der Steg flacher oder
gebogener und der Bogen mehr gerade als konkav geformt ist,
ob auf Schafsdarm- oder Stahlsaiten gespielt und ob der zu
Haydns Zeit noch unbekannte Kinnhalter verwendet wird, ob
eine kleinere oder größere Bratsche gewählt, das Cello zwischen den Waden eingeklemmt oder mit dem im 19. Jahrhundert eingeführten Stachel auf den Boden gestützt wird und
ob der Kammerton nach der heutigen Norm (440 Hz oder
etwas höher) oder etwas tiefer (435 Hz), wie aus Haydns Zeit
und Umgebung vereinzelt bezeugt,[1] gestimmt wird – obwohl
alle diese Unterschiede sicherlich nicht ohne spieltechnische
und klangliche Bedeutung sein dürften. Die historischen Instrumente und Spielweisen führen nämlich, wie es heißt, zu
einem sanfteren Klang, fließenderem Tempo und weniger Vibrato. Dies alles kann aber auch auf modernen Instrumenten
nachgeahmt werden. Instrumente, die speziell für die Wieder-
gabe von Haydns Quartetten maßgeblich wären, sind ohnehin
nicht nachgewiesen worden; ebenso wenig gibt es Bilder oder
Dokumente, aus denen etwa die Placierung der Spieler zu einander oder die besondere Haltung der Instrumente hervor-
ginge. Über Haydn als Quartettspieler haben wir nur das
Zeugnis Charles Burneys; im Kreise von dessen Familie und
Freunden spielte Haydn in London am 23. April 1791 bei
einer Aufführung der Streichquartettfassung seiner *Sieben*

---

[1] Gerhard Stradner in: Joseph Haydn. Bericht über den Internationalen
Joseph Haydn Kongress Wien 1982 (München 1986), 81 ff.

Worte die erste Geige „in a most chaste and feeling manner" (in der keuschesten und gefühlvollsten Weise) und übernahm bei einigen seiner Quartette die zweite Geige.[2] Burney schreibt nichts über die technische Seite seines Spiels. Unhistorisch ist sicherlich die ständig an- und abschwellende Tongebung, die auf einer falschen Anwendung der Vorschriften von der „messa di voce" (s. S. 118) und dem etwas zunehmenden Bogendruck bei gefühlvoll zu betonenden Noten[3] beruht und wie das Spiel auf einem „asthmatischen" Harmonium klingt.

Überhaupt nützen Instrumente aus dem 18. Jahrhundert wenig, wenn die Musiker zwar technisch perfekt, aber freudlos und gekünstelt eine Musik vortragen, bei der sie auffallende Gliederungen, plötzliche Pausen, starke Akzente, langsames oder schnelles Tempo durch Übertreibung verzerren. Die Devise Haydns war wahrscheinlich das genaue Gegenteil: Maß – verbunden mit Natürlichkeit, Leichtigkeit, Beherztheit, Eleganz, Geist, Humor, Innigkeit, Frömmigkeit und all den anderen schönen Haltungen, die wir im Ergebnis Anmut nennen. Anmutig kann man nicht sein wollen, man ist es oder ist es nicht. Aber viel hilft es schon, dem Werk keine „Auffassung" überzustülpen, sondern es selbst sprechen zu lassen.[4]

Wiederholungszeichen sind ernst zu nehmen. Daß Haydn die mit Doppelstrich und Doppelpunkt angezeigten Wiederholungen stets gewollt hat, zeigt sich daran, daß er sie beim zweiten Teil eines ersten oder letzten Satzes manchmal wegläßt oder Varianten für Prima und Seconda volta vorschreibt. Später wurde es Tradition, in Aufführungen die Wiederholung des zweiten Teils wegzulassen. Ob beim Dacapo des Menuetts seine beiden Teile wie beim ersten Vortrag wiederholt wurden, was manche heute empfehlen, ist weniger sicher und bei zu

---

[2] Roger Lonsdale: Dr. Charles Burney. A Literary Biography (Oxford 1965, Paperback: 1986), 354.

[3] Hierüber schreibt z.B. Heinrich Christoph Koch: Journal der Tonkunst, I (Erfurt 1795), 160 ff.

[4] In mancher Beziehung vorbildlich sind einige unter den zwischen 1931 und 1938 entstandenen Aufnahmen des belgischen Pro Arte-Quartetts (Alphonse Onnou, Laurent Halleux, Germain Prévost, Robert Maas).

langsam genommenem Tempo von Nachteil. Wenig bekannt ist, daß es den Spielern überlassen war, ein besonders melodiöses Trio anschließend nochmals zu wiederholen und dann das Menuett zum dritten Mal zu spielen; von dieser Praxis zeugt Haydns Bemerkung im Autograph von Op. 64, Es-Dur (s. S. 90, siebte Serie).

Ein zweiter wichtiger Punkt der „historischen" Aufführungspraxis ist die improvisierte Verzierung, wie sie im Barock-Zeitalter weitgehend üblich war, bei einigen Musikern aber noch im frühen 19. Jahrhundert vorkam. Louis Spohr berichtet in seinen Lebenserinnerungen, daß er 1820 in Brüssel den Violinvirtuosen Alexandre-Jean Boucher ein Quartett von Haydn spielen hörte, bei dem er „viele ungehörige und geschmacklose Verzierungen" einmischte. In Haydns Quartetten haben Verzierungen im allgemeinen nur bei Fermaten in einem Adagio cantabile Platz. Es ist sehr fraglich, ob die vorgeschriebene Wiederholung in einem langsamen oder gar in einem Sonatensatz als „veränderte Reprise" im Sinne von Carl Philipp Emanuel Bachs Klaviersonaten von 1760 verziert werden darf, wie man auf „historischer" Seite meint, denn Haydn hat die Wiederholung manchmal selbst ausgeschrieben und verändert, dann aber meist nicht nur in der Violine 1, sondern auch in den Begleitstimmen. So etwas läßt sich nicht improvisieren. Selbst wenn man die Veränderung auf die Violine 1 beschränken wollte, wie Haydn es in dem Adagio in Op. 9, Es-Dur, getan hat, müßte dieses Beispiel in seiner unerreichbaren Eleganz einen Geiger eher davon abhalten, Ähnliches zu versuchen. Dem Dirigenten einer geplanten Aufführung einer seiner Messen ließ Haydn als Warnung vor willkürlichen Gesangsverzierungen ausrichten, daß sie „zu weiter nichts als zur Verunstaltung so einer äußerst delikaten Komposition beitragen, da diese ohnehin schon allen möglichen Ausdruck, so wie es steht, in sich enthält und die größte Schönheit [...] nur vom richtigen Tempo, gehörigen Schatten und Licht und genauer Produktion abhängt".[5]

---

[5] Haydn-Studien, I (München 1965), 33.

b) Tempo und Takt

Es ist gut, sich daran zu erinnern, daß Haydn den „fließenden Gesang" das erste Erfordernis eines Tonstücks nannte (Griesinger). Das meinte er in Bezug auf die Komposition; es gilt aber auch für den Vortrag. Wenn beim Vortrag von Variationensätzen Wiederholungen langweilig erscheinen, so wird, was Haydn in London einmal an einem Orchester bemängelte, „schläfrig" gespielt. Zu den Hauptursachen zählt die Nicht-Beachtung der Tempovorschrift, der Artikulationsbezeichnung und der dynamischen Bezeichnung. Die Vorschrift „Adagio" hat Haydn gern mit einer Beischrift wie „ma non troppo" (aber nicht zu sehr) oder „Poco" (wenig) oder „cantabile" (sangbar, wie gesungen, gemäß dem Atem des Sängers) verbunden. Meist findet sich außerdem ein das Tempo nicht unbedingt verdoppelndes, mindestens aber beschleunigendes Alla-breve-Taktvorzeichen ¢, oder der Satz steht im 3/4-, 6/8-, 3/8- oder 2/4-Takt, lauter Taktarten, die ebenfalls zu zügigerem Tempo auffordern als der 4/4-Takt, den er mit **C** angibt. Haydns Menuette werden meist ebenfalls zu langsam gespielt. Sie haben individuelle Tempi. Das Menuett aus Mozarts *Don Giovanni* ist kein passendes Muster. Zu munterem Tempo fordert häufig schon die Vorschrift Allegretto oder gar Allegro auf. Selbst tempolose Menuette sind nicht gravitätisch oder gar behäbig, sondern beschwingt zu spielen, auch in den frühesten Quartetten, wo sie dem Tanz noch am meisten ähneln. Vielleicht am wichtigsten für die Tempowahl ist überall die Erkenntnis des Rhythmus. Zum Rhythmus gehört der Wechsel von leichten und schweren Taktteilen, dem im 18. Jahrhundert als Norm der Wechsel von Auf- und Abstrich entsprach und noch immer soweit wie möglich entsprechen sollte, ferner der Wechsel von leichten und schweren Takten, schließlich die Phrasierung. Im Grunde ist überall das Tempo maßgeblich, das sich aus der musikalischen Struktur zwang- und vorurteilslos ergibt; es wird durch Haydns Beischrift und Taktvorzeichnung nur präzisiert oder modifiziert.

Am meisten stört bei neueren Wiedergaben oft der mangelnde Respekt vor dem Takt. Die Gründe können im Streben nach „analytischer" Interpretation oder nach punktuell übertrieben starkem Ausdruck liegen. Durch beides wird dem Werk im ganzen geschadet. Wenn Haydn Tempoänderungen wollte, so schrieb er sie vor. Sonst ist das Tempo beizubehalten; seltene Ausnahmen müssen sich durch überwältigende Ergebnisse rechtfertigen. Ein Thema ist nicht langsamer zu spielen als seine Variationen, ein Trio in der Regel nicht langsamer als das Menuett, zu dem es als Mittelteil gehört. Als solcher wird es in der vierten, fünften und sechsten Serie (Op. 33, 50, 54/55) auch notiert: ohne Überschrift und Zäsur auf der Zeile beginnend, auf der das Menuett (bzw. Scherzo) endet. Ein Ritardando wird vor einer Fermate oft ebenso fehl am Platz sein wie bei Überleitungen oder am Schluß eines Satzes. Unverzeihlich ist das willkürliche Dehnen von Pausen oder Einschieben von nicht notierten Pausen. Der gleichmäßige Takt ist bei Haydn von geradezu metaphysischer Bedeutung, gewissermaßen das Ticken der Weltenuhr. Er ist besonders spürbar in einer Generalpause ohne Fermate mitten im Stück oder bei einer Zäsur vor der Wiederholung eines Satzteils oder vor einem neuen Abschnitt: Kein Einsatz darf verzögert werden. Beim Übergang von einer Variation zur anderen und vom Menuett zum Trio und vom Trio zum Menuett bleibt der Takt ebenfalls in Kraft. Das legt manchmal schon der Halbschluß nahe, mit dem das Trio ins Menuett zurück leitet, und geht zweifelsfrei aus der Notierungsweise in Haydns erstem und seinem letzten vollendeten Quartett hervor: Obwohl in Op. 1 Nr. 1 das Trio des zweiten Menuetts in beiden Teilen volltaktig beginnt und mit vollem Takt endet, notiert Haydn – zuverlässigen ältesten Abschriften zufolge – nach dem zweiten Teil den Schlußtakt zweimal: für die Prima volta als ganzen Takt, mit zwei Viertelnoten und einer Viertelpause, für die Seconda volta ohne die Viertelpause, weil das danach wiederholte Menuett mit dem Auftakt einer Viertelnote beginnt; und zwischen Menuett und Trio in Op. 77, F-Dur, notiert er eine Generalpause, weil er ausnahmsweise eine haben will. Der Primgeiger, der an Nahtstellen nicht immer streng weiterzählt, betrügt den Hörer um einige der größten Schönheiten von Haydns Musik, die darauf angelegt ist, angenehm zu überraschen, ohne die Ordnung aufzuheben. Der Geist der Ordnung in Haydns ebenso wie in Mozarts Werken geht klar aus kritischen Urteilen beider Meister hervor. Haydn notierte nach einem Besuch des Opernhauses von Covent Garden am 10. Dezember 1791, der zweite Tenor sei „sehr unmusicalisch. Er formirt sich ein neues Tempo, bald 3 bald 2 Viertl, macht Abschnitt, wo es ihm einfällt". Mozart schrieb über eine junge Klavierspielerin in seinem Brief vom 23.– 25. Oktober 1777: „Sie wird das nothwendigste und härteste und die hauptsache in der Musique niemahlen bekommen, nämlich das tempo, weil sie sich von jugend auf völlig befliessen hat, nicht auf den tact zu spiellen."[6] Tempo rubato kann es nur in der Melodie geben, bei gleichzeitigem Festhalten der Begleitung am Takt. Allein die Fermate, wenn sie nicht als Schlußzeichen steht, setzt das strenge Gesetz vorübergehend außer Kraft, zieht aber keineswegs eine Pause nach sich.

c) Vortragszeichen und Urtext

Die dynamischen und Strichartenbezeichnungen sind in Haydns Quartetten nicht so vollständig notiert, wie wir uns dies wünschen würden. So fehlt oft am Satzanfang und im weiteren Verlauf streckenweise jedes dynamische Zeichen. Dann empfiehlt sich die aus dem Satztypus und der musikalischen Struktur zwanglos sich ergebende Dynamik, am Satzanfang in der Regel ein maßvolles, bei Doppelgriffen ein kräftiges f. Natürlichkeit ist hier wie überall die Devise. In Cantabile-Sätzen darf die dominierende V 1 auch dynamisch hervortreten; ein p in V 1 ist hier in den gängigen Ausgaben in der Regel unecht, während es für die Begleitfiguren in V 2, Va und Vc echt ist. Ein lang gehaltener Ton in der Melodie eines langsamen

---

[6] Mozart: Briefe und Aufzeichnungen, Gesamtausgabe, II (Kassel 1962), 83.

Satzes ist die Nachahmung einer für die Gesangskunst des 18. Jahrhunderts typischen „messa di voce", eines nicht ausdrücklich notierten (und deshalb heute meist nicht beachteten) An- und Abschwellens, mit dem die Sänger die Kraft ihrer Stimmen zeigten. Wo dynamische Zeichen ausdrücklich stehen, vor allem das von Haydn sehr geliebte *fz* (Forzando), dürfen sie nicht zugunsten eines wohltemperierten Gesamtklangs eingeebnet werden.

Vor dem Staccato haben heutige Musiker eine merkwürdige Scheu, namentlich auf einer Einzelnote und in langsamen Sätzen, teils aus Vorliebe für den möglichst gleichmäßigen Einzelton oder infolge zu langsamen Tempos. Andererseits werden längere Bindebögen gern aufgeteilt, teils aus den gleichen Gründen, teils in Verkennung des Atems der Melodie. Etwas anderes als das Staccato ist das mit Pünktchen und einem Bogen darüber angezeigte Portato, das ohne Bogenwechsel gespielt wird, bei repetierten Begleitnoten wie ein langsames Tremolo („Bogenvibrato"). Bei unbezeichneten Läufen und Arpeggien hat der Spieler die Wahl zwischen verschiedenen Arten des Nicht-Bindens: vom Wechsel des Auf- und Abstrichs bis zum Springbogen. Wo das Spiel auf einer Saite vorgeschrieben ist, bedeutet ein Bindebogen zwischen größeren Intervallen ein Portamento, ein Hineingleiten in den Zielton, dessen Gefühlsüberschwang nicht moderner Sachlichkeit geopfert werden darf.

Zu einer Interpretation, die dem Geist des Werkes gerecht zu werden versucht, bedarf es heute zuverlässiger Ausgaben. Bis vor wenigen Jahren wurden die Haydn-Quartette mit zugefügten oder veränderten und ohne manche der originalen Vortragszeichen gedruckt. Zu unabsichtlichen Verschlechterungen führten schon die Abschriften durch Haydns eigene Kopisten, mehr noch die weiteren Abschriften, die Erstausgaben und die Nachdrucke. Bei Notenänderungen war es oft der mehrfach erwähnte Verleger J. J. Hummel, der die Kühnheit gewisser Stellen in Haydns Quartetten seinem zeitbedingten Geschmack anpaßte. Da alle diese Willkürlichkeiten, Fehler und Mängel nicht gegen die Tonsatzlehre und die Konvention verstoßen, zeigen sie sich erst beim Vergleich mit dem Originaltext. Leider haben die Interpreten, Editoren und Kommentatoren sich nie eines von Haydns Autographen, eine von ihm autorisierte Abschrift oder wenigstens eine Originalausgabe angeschaut, und wenn doch, dann haben sie den ihnen vertrauten Text vorgezogen. Deshalb sind ältere und sogar neuere Kommentare für jemanden, der eine der seit 1963 nach und nach erschienenen Urtextausgaben in der Hand hat, stellenweise unverständlich: Sie erklären Dinge, die im Originaltext gar nicht existieren. Umgekehrt wird dem Leser der Unterschied zwischen dem Höreindruck nach Schallplatten und den vorstehenden Werkbeschreibungen manchmal erst nach Zurateziehung einer Urtextausgabe einleuchten.

Ausgaben- und Literaturverzeichnis

Partituren: Joseph Haydn: Werke, hrsg. vom Joseph Haydn-Institut, Köln (München, G. Henle Verlag, 1963 ff.). Reihe XII, bisher sind erschienen Bd. 1 (Frühe Streichquartette), Bd. 2 (Op. 9 und Op. 17), Bd. 3 (Op. 20 und Op. 33), Bd. 5 (Op. 64 und Op. 71/74), hrsg. von Georg Feder in Verbindung mit Gottfried Greiner, Sonja Gerlach, Isidor Saslav und Warren Kirkendale. – Doblingers Studienpartituren aller einzelnen Haydn-Quartette (Wien 1977 ff.), hrsg. von Reginald Barrett-Ayres und H. C. Robbins Landon [mit Einschränkungen als Urtextausgabe zu bezeichnen]. – Edition Eulenburg, Taschenpartituren aller einzelnen Haydn-Quartette, revidiert von Wilhelm Altmann (1926 ff.) [traditioneller, unkritisch revidierter Text].
Faksimile der Originalpartitur: Joseph Haydn. Zwei Streichquartette Op. 77 (Budapest 1980)
Stimmen: G. Henle Verlag München, nach den Partituren der Joseph Haydn Werke. – Doblinger Verlag, Wien, nach den Doblinger-Taschenpartituren. – Edition Peters (Leipzig) [der traditionelle Text].

Der größte Teil der herangezogenen Literatur kann hier nur kurz charakterisiert werden. Zunächst sind es Dissertationen, die Haydns Quartette unter speziellem Gesichtspunkt untersuchen, wie die von Wolfram Steinbeck, Jürgen Neubacher, Markus Bandur, Nicole Schwindt-Gross, Armin Raab; dann Abhandlungen solcher Art wie die von Doris Silbert, Dénes Bartha, Orin Moe, James Webster, László Somfai, Isidor Saslav und manchen anderen. Darüber hinaus gibt es kurze Würdigungen von Haydns Quartettschaffen sowie Analysen von Einzelwerken. Selbstverständlich haben Haydns Quartette auch in jeder Haydn-Biographie ihren festen Platz, ferner in jedem Handbuch oder jeder Geschichte der Gattung oder jedem Hausmusik- oder Kammermusikführer, etwa den Büchern von Wilhelm Altmann, Hans Mersmann, Heinrich Lemacher, Wulf Konold, Paul Griffiths und dem populären *Das stillvergnügte Streichquartett* von Ernst Heimeran und Bruno Aulich (21. Auflage Kassel 1987), schließlich in jeder Musik- oder musikalischen Stilgeschichte, die näher auf das 18. Jahrhundert eingeht, wie denjenigen von Charles Rosen, Philip G. Downs und Daniel Heartz. Standardwerke, Bücher und Essays, die im Detail das Quartettschaffen Haydns beschreiben, und einige der wichtigsten Aufsätze seien hier mit ihren Titeln angeführt:

Barrett-Ayres, Reginald: Joseph Haydn and the String Quartet (London 1974)
Blume, Friedrich: Josef Haydns künstlerische Persönlichkeit in seinen Streichquartetten. Jahrbuch Peters, XXXVIII (1931); Abdruck in Blume: Syntagma Musicologicum, I (Kassel 1963)

Finscher, Ludwig: Studien zur Geschichte des Streichquartetts (Kassel 1974)

Georgiades, Thrasybulos: Zur Musiksprache der Wiener Klassiker. Mozart-Jahrbuch 1951 (Salzburg 1953)

Grave, Floyd: Metrical Dissonance in Haydn. The Journal of Musicology, XIII/2 (Berkeley 1995)

Griesinger, Georg August: „Eben komme ich von Haydn ...“ Korrespondenz mit Joseph Haydns Verleger Breitkopf & Härtel, hrsg. von Otto Biba (Zürich 1987)

Haydn Studies. Proceedings of the International Haydn Conference Washington, D. C., 1975 (New York 1981)

Hoboken, Anthony van: Joseph Haydn. Thematisch-bibliographisches Werkverzeichnis, I–III (Mainz 1957 ff.)

Hughes, Rosemary: Haydn String Quartets (London 1966)

Joseph Haydn: Gesammelte Briefe und Aufzeichnungen, hrsg. von Dénes Bartha (Kassel 1965)

Joseph Haydn. Tradition und Rezeption (Regensburg 1985), mit Beiträgen von Wilhelm Seidel, Horst Walter u. a.

Joseph Haydn, Werke, hrsg. vom Joseph Haydn-Institut Köln, Reihe XII (München 1963 ff.), Vorworte und Kritische Berichte

Keller, Hans: The Great Haydn Quartets (London 1986)

Landon, H. C. Robbins: Haydn: Chronicle and Works, I–V (London 1976 ff.)

Pohl, C. F.: Joseph Haydn, I–III (Berlin/Leipzig 1875, 1882, 1927)

Sandberger, Adolf: Zur Geschichte des Haydnschen Streichquartetts. Altbayerische Monatshefte (1900); Abdruck in Sandberger: Ausgewählte Aufsätze zur Musikgeschichte, I (München 1921)

Sondheimer, Robert: Haydn. A Historical and Psychological Study Based on His Quartets (London 1951)

Sutcliffe, W. Dean: Haydn: String Quartets, Op. 50 (Cambridge 1992)

Tovey, Donald: Haydn's String Quartets. Cobbett's Cyclopedic Survey of Chamber Music, I (Oxford/London 1929)

Glossar

Autograph: Vom Autor selbst geschriebenes Manuskript.

Bariolage: Abwechselnder Legatovortrag eines und desselben Tones auf zwei benachbarten Saiten, meist einer gegriffenen und leeren, so daß der Klang des Tones changiert.

Bordun: Sehr langer, meist tiefer Ton, wie er bei der Drehleier und dem Dudelsack ständig mitklingt.

Cassation, Kassation: mehrsätziges Ständchen, Nachtmusik.

chromatisch: Eine durch ausdrückliches Kreuz oder b-Vorzeichen um einen Halbtonschritt veränderte Stufe der Tonleiter.

Coda: „Schwanz", Anhang, abschließender Teil außerhalb der normalen Grenzen der Form (vgl. Epilog).

diatonisch: Die Schritte und Sprünge der natürlichen Tonleiter.

Dominante: Tonart der fünften Stufe der Grundtonart.

Doppelter Kontrapunkt: Zwei im Kontrapunkt geführte Stimmen sind in ihrer Lage miteinander vertauschbar.

Durchbrochene Arbeit: Verteilung der einander folgenden Bruchstücke einer Melodie auf verschiedene Instrumente nacheinander.

Durchführung: Der Abschnitt zwischen der Exposition und der Reprise im Sonatensatz. Er führt von der Dominante, mit der die Exposition endet, durch mehr oder minder ausschweifende Modulationen zur Tonika zurück.

Engführung: siehe Imitation.

enharmonisch: Darstellung eines Tons, der zu einer Tonart mit b-Vorzeichnung gehört, z. B. As, durch eine Note, die zu einer Tonart mit Kreuz-Vorzeichnung gehört, z. B. Gis, und umgekehrt. Und ähnliche Fälle, z. B. die Notierung von C als His.

Epilog: Abschließender Teil innerhalb der normalen Form (vgl. Coda).

Exposition: Erster Teil des Sonatensatzes. Beginnt in der Tonika und endet in der Dominante oder, bei einem Sonatensatz in Moll, in der parallelen Durtonart.

Fermate: Das durch einen Halbkreis mit Punkt darunter vorgeschriebene Dehnen einer Note oder Pause, so daß der Takt für einen Augenblick zum Stillstand kommt.

Generalpause: Alle Stimmen pausieren gleichzeitig.

Halbschluß: Schluß auf der Dominante statt auf der Tonika; läßt eine Fortsetzung erwarten.

Hauptsatz, Hauptthema: Der erste Abschnitt bzw. die erste Periode der Exposition und der Reprise im Sonatensatz. Beginnt in der Tonika.

Imitation: Kontrapunktische Nachahmung einer Stimme durch eine oder mehrere andere in zeitlichen, bei Engführung sehr kurzen Abständen.

Kadenz: 1. Schlußwendung eines Abschnitts oder Satzes, bestehend aus mindestens zwei einander folgenden Harmonien: der Dominante und der Tonika des jeweiligen Abschnittes oder Satzes. 2. Virtuose Passagen, meist in V 1 und meist nach einem Quartsextakkord mit Fermate.

Kontrapunkt: Melodisch gleichberechtigte Führung mehrerer Stimmen gleichzeitig, meist jede in einem anderen Rhythmus, oft mit Imitationen verbunden.

Modulation: Übergang in eine neue Tonart oder das Durchlaufen mehrerer Tonarten kurz nacheinander.

Motivische Arbeit: 1. Im allgemeinen soviel wie thematische Arbeit, insofern bei derselben nicht die Themen im ganzen, sondern Motive aus den Themen benutzt werden. 2. Im besonderen die Gestaltung eines Satzabschnitts mit Motiven, die zwar der Exposition, aber nicht dem Haupt- oder Seitenthema entnommen sind und unverändert oder in Umgestaltung neu kombiniert werden.

Murky-Baß: Vielleicht nach dem englischen Wort „murky" (unklar, dick, trübe). Orgelpunktartiger Baß in immer wiederholten gebrochenen Oktaven.

Nachsatz: siehe Periode.

Obligates Akkompagnement: Selbständige Führung aller Begleitstimmen.

Orgelpunkt: Mehrere Takte lang gehaltener Baßton, über dem die Harmonien wechseln.

Paralleltonart: Die Dur- oder Molltonart mit der gleichen Vorzeichnung, z. B. D-Dur und h-moll (beide mit Vorzeichnung von zwei Kreuzen).

Periode: Eine Folge von Takten, die in Vorder- und Nachsatz oder auch komplizierter gegliedert ist.

Phrase: Kleiner Abschnitt, meist aus zwei, drei oder vier Takten bestehend. Mehrere Phrasen bilden eine Periode.

Quartsextakkord: Zweite Umkehrung eines Dreiklangs, in C-Dur z. B. G-C-E.

Reprise: 1. Die Wiederholung der Exposition am Schluß des Sonatensatzes. Beginnt und endet in der Tonika. 2. Die unmittelbare Wiederholung eines Satzteils. (In diesem Buch nur bei „Veränderter Reprise" gebraucht; siehe dort). Wenn sie unverändert erfolgt, ist sie nicht notiert, sondern mit Doppelpunkt und Doppelstrich angezeigt.

Satz: 1. Bezeichnung für ein Stück in gleicher Tonart, gleichem Takt und Tempo, z. B. Sonatensatz, Menuett, Adagio oder Finale. 2. Bezeichnung für bestimmte Abschnitte innerhalb eines solchen Stücks, wie Hauptsatz und Seitensatz eines Sonatensatzes, Vordersatz und Nachsatz einer Periode. 3. Bezeichnung für das mehrstimmige Gefüge einer Komposition, z. B. polyphoner Satz.

Scheinreprise: Das notengetreue, aber oft verkürzte Wiederaufgreifen des Hauptthemas in der Durchführung, vor der eigentlichen Reprise, in der Haupttonart oder in einer anderen Tonart.

Schleifer: Zwei kurze, gebundene, stufenweise zur Hauptnote aufsteigende Nebennoten.

Seitensatz, Seitenthema: Zweiter Abschnitt der Exposition und der Reprise im Sonatensatz bzw. ein Thema darin. Steht in der Exposition in der Dominante oder, bei einem Sonatensatz in Moll, in der parallelen Durtonart, in der Reprise in der Tonika, bei einem Sonatensatz in Moll manchmal in deren Dur-Variante, z. B. in C-Dur statt in c-moll.

Septakkord: Dreiklang mit zugefügter Septe, häufig als Dominantseptakkord, der z. B. in C-Dur G-H-D-F lauten kann.

Sextakkord: Erste Umkehrung des Dreiklangs, in C-Dur z. B. E-G-C.

Sonatensatz: Satz aus zwei zu wiederholenden Teilen. Der Teil vor dem Doppelstrich heißt Exposition, der Teil nach dem Doppelstrich besteht aus der Durchführung und der Reprise und wird heute oft nicht wiederholt. Ohne Berücksichtigung der Wiederholung beider Teile kann man von einer dreiteiligen Form sprechen: Exposition, Durchführung, Reprise.

Subdominante: Tonart der vierten Stufe der Grundtonart.

Tempo rubato: Im klassischen Sinne eine rhythmische Verzögerung oder Beschleunigung der Melodie bei streng taktmäßiger Begleitung.

Terzverwandtschaft: Die Harmonie der oberen oder unteren Terz, also wenn z. B. auf einen C-Dur-Akkord unmittelbar ein solcher in E-Dur, A-Dur oder As-Dur folgt.

Thematische Arbeit: Gestaltung eines Satzabschnitts mit Motiven, die dem Haupt- oder Seitenthema entnommen sind und neu kombiniert oder umgestaltet werden (motivisch-thematische Arbeit). Oft mit Motivischer Arbeit (siehe dort, Ziffer 2) vermischt.

Tonika: Harmonie der ersten Stufe der Grundtonart des Satzes oder Abschnitts, z. B. in C-Dur der C-Dur-Dreiklang.

Trugschluß: Eine Kadenz, deren Schlußakkord nicht der Dreiklang der Tonika, sondern einer anderen Stufe, meistens der sechsten, ist.

Umkehrung: 1. Die einander folgenden Schritte und Sprünge einer wiederholten Melodie werden aufwärts statt wie beim ersten Mal abwärts oder abwärts statt aufwärts geführt. 2. Die Töne eines Akkordes werden in ihrer Lage zu einander vertauscht (siehe Sext- und Quartsextakkord).

„Veränderte Reprise": Variiertes Ausschreiben der Reprise (siehe dort, Ziffer 2) eines Satzteils.

Verminderter Septakkord: Akkord aus drei übereinander geschichteten kleinen Terzen.

Vordersatz: siehe Periode.

Register

Philosophie und Geistesgeschichte bei C.H.Beck
Eine Auswahl

Loris Sturlese
Die deutsche Philosophie im Mittelalter
Von Bonifatius bis zu Albert dem Großen 748–1280
Aus dem Italienischen übersetzt von Johanna Baumann
1993. 439 Seiten. Leinen

Hans Richtscheid
Die Wahrheit ist persönlich
1984. 261 Seiten. Broschiert

Johann Wolfgang von Goethe
Maximen und Reflexionen
Nachwort von Walther Killy und Anmerkungen von Irmtraut Schmid
1989. 342 Seiten. Leinen

Werner Schneiders (Hrsg.)
Lexikon der Aufklärung
Deutschland und Europa
1995. 462 Seiten. Leinen

Kurt Hübner
Die Wahrheit des Mythos
1985. 465 Seiten mit 6 Abbildungen. Leinen

Klaus Michael Meyer-Abich
Vom Baum der Erkenntnis zum Baum des Lebens
Die Ganzheit der Natur in Wissenschaft und Wirtschaft
Von Klaus Michael Meyer-Abich, Gerhard Scherhorn,
Franz-Theo Gottwald, Hans Werner Ingensiep, Michael Drieschner,
Zeyde-Margreth Erdmann
1997. 470 Seiten. Leinen
(Kulturgeschichte der Natur in Einzeldarstellungen)

Philosophie und Geistesgeschichte bei C.H.Beck
Eine Auswahl

Claudia Schmölders (Hrsg.)
Die Erfindung der Liebe
Berühmte Zeugnisse aus drei Jahrtausenden
1996. 316 Seiten. Leinen

Nora K./Vittorio Hösle
Das Café der toten Philosophen
Ein philosophischer Briefwechsel für Kinder und Erwachsene
3. Auflage. 1997. 256 Seiten mit 1 Abbildung. Gebunden

Kurt Flasch/Udo Reinhold Jeck (Hrsg.)
Das Licht der Vernunft
Die Anfänge der Aufklärung im Mittelalter
1997. 191 Seiten mit 1 Abbildung. Broschiert

Hubert Schleichert
Wie man mit Fundamentalisten diskutiert,
ohne den Verstand zu verlieren
Anleitung zum subversiven Denken
Nachdruck der 2., durchgesehenen Auflage. 1997.
196 Seiten. Broschiert

Klaus Michael Meyer-Abich
Praktische Naturphilosophie
Erinnerung an einen vergessenen Traum
1997. 520 Seiten mit 3 Abbildungen. Leinen
(Kulturgeschichte der Natur in Einzeldarstellungen)

Kurt Hübner
Die zweite Schöpfung
Das Wirkliche in Kunst und Musik
1994. 202 Seiten mit 1 Abbildung. Leinen